Go Vista
INFO GUIDE

Mallorca

von Andrea Weindl

Andrea Weindl, Dr. phil., 1969 in München geboren, studierte in Köln und Tucumán/Argentinien Regionalwissenschaften für Lateinamerika. Seit Jahren beschäftigt sie sich mit der Kultur und Geschichte Spaniens. Sie lebt und arbeitet als freie Autorin in Köln.

www.vistapoint.de

Willkommen & Top 10

⑩ **Top 10:** Übersichtskarte . . . . vordere innere Klappe
⑩ **Top 10:** Das sollte man gesehen haben . . . . hintere Klappe

Willkommen auf Mallorca 4

Chronik

Daten zur Geschichte 6

Stadttour Palma mit Detailkarte

Ein Rundgang durch Mallorcas Hauptstadt 10
Palmas Strände 16
Service-Informationen zu Palma de Mallorca 18

Vista Points – Sehenswertes

Reiseregionen, Orte und Sehenswürdigkeiten

Der Westen 28
Nordöstliche Tramuntana 41
Der Süden 46
Der Osten 54
Die Mitte 60

Service von A–Z

Mallorca in Zahlen und Fakten 68
Anreise 68
Auskunft 70
Automiete, Autofahren 71
Diplomatische Vertretungen 72
Einkaufen 72
Essen und Trinken 74
Feiertage und Feste 75
Fotografieren 77
Geld, Banken, Kreditkarten 77
Hinweise für Menschen mit Behinderungen 77
Klima, Kleidung, Reisezeit 77
Medizinische Versorgung 78
Mit Kindern auf Mallorca 79

Nachtleben 79
Öffentliche Verkehrsmittel 80
Öffnungszeiten 80
Post 81
Presse, Rundfunk, TV 81
Rauchen 81
Sicherheit, Notfälle 81
Sport und Erholung 82
Strom 83
Telefonieren 83
Trinkgeld 84
Trinkwasser 84
Unterkunft 84
Zeit 85

Sprachführer

Die wichtigsten Wörter für unterwegs 86

Extras – Zusatzinformationen

Erzherzog Ludwig Salvator 37
Raimundus Lullus oder Ramón Llull 61

Register 94
Bildnachweis und Impressum 96

Zeichenerklärung

Top 10
Das sollte man gesehen haben, s. vordere innere und hintere Klappe.

Vista Point
Reiseregionen, Orte und Sehenswürdigkeiten

Symbole
Verwendete Symbole s. hintere innere Umschlagklappe.

Kartensymbol: Verweist auf das entsprechende Planquadrat der ausfaltbaren Landkarte bzw. der Detailpläne im Buch.

Willkommen auf Mallorca

Mallorca ist eine Insel mit vielen Gesichtern; von der Geschichte so geprägt wie von den Menschen – den Mallorquinern und den zahlreichen Einwanderern und Besuchern, die in der Hoffnung auf Glück in dem sanften mediterranen Klima seit vielen Jahren hierher kommen.

Für Tausende Urlauber werden die zwei Wochen am Strand, ob an den großzügig geschwungenen Buchten Palmas und Alcúdias oder an den fjordähnlichen Calas des Südostens, zur schönsten Erinnerung des ganzen Jahres.

In den schwer zugänglichen Dörfern der Tramuntana findet sich noch heute und selbst in der Hauptsaison die »Insel der Ruhe« des katalanischen Dichters Santiago Rusiñol, die mit ihrer Mischung aus Zurückgezogenheit und weltoffener Avantgarde heute genau wie vor 100 Jahren Schriftsteller, Schauspieler und Maler anlockt. Wo steile Felswände schroff ins Meer stürzen, kann man das überwältigende

Farbenspiel des Sonnenuntergangs, eine einsame Wanderung durch die Bergwelt der rauen Tramuntana oder eine mittägliche Plauderei bei den typischen kulinarischen Spezialitäten genießen.

Auf den Spuren der Vorreiter des Inseltourismus trifft man nicht nur auf illustre Gestalten wie Erzherzog Salvator und Sisi von Österreich, Chopin und George Sand, sondern auch auf den verstaubten Charme des 19. Jahrhunderts.

Jahr für Jahr wird die »Perle des Mittelmeers« vom internationalen Jetset gefeiert: in den Jachthäfen des Südwestens, an den nur von der Seeseite aus zugänglichen Buchten der Nordküste und rund um die zahlreichen Landzungen und felsigen Kaps.

Und dann ist da natürlich noch *nostra Mallorca de sempre*, das immerwährende Mallorca des Hinterlandes mit reichen Traditionen, dessen Landschaft, Städte, Klöster und Einsiedeleien bis heute nur wenig durch den Tourismus verändert wurden.

Benvingut!

Traumstrand auf Mallorca: Es Trenc

Daten zur Geschichte

Ab 6500 v. Chr.	Von der Iberischen Halbinsel oder Südfrankreich aus werden die Balearen erstmals besiedelt. Die Neuankömmlinge bauen die natürlichen Höhlen der Inseln nach und nach zu ihrem Lebens- und Kulturraum aus.
Ab 2000 v. Chr.	Funde bei Palma weisen auf die ersten oberirdisch gebauten Grabstätten hin.
Ab 1300 v. Chr.	Im Talayotikum, der balearischen Spielart der Bronze- und Eisenzeit, werden sogenannte Talayots erbaut: aus rohem Bruchsteinwerk errichtete Bauwerke, die als Wach- oder Verteidigungstürme, Häuptlingssitz, Lager, Stallungen oder auch Grabstätten genutzt werden.
800–600 v. Chr.	Griechische Seefahrer beziehen die Balearen in das von ihnen errichtete Handelsnetz des westlichen Mittelmeeres mit ein.
Ab 600 v. Chr.	Die Phönizier drängen den griechischen Einfluss zurück; auf Menorca gründen sie Städte. Die Einwohner Mallorcas widersetzen sich einer Eroberung, nutzen ihre Lage zwischen den Einflussbereichen zur einträglichen Seeräuberei oder verdingen sich als Steinschleuderer in den Söldnerheeren der Karthager. Der Name »Balearen« leitet sich von *Baliarides*, im Altertum Steinschleuderer, ab.
218–201 v. Chr.	Mit der Niederlage im Zweiten Punischen Krieg verliert Karthago die Vorherrschaft über das Mittelmeer.
123 v. Chr.	Nach ständigen Piratenangriffen auf römische Handels- und Kriegsschiffe erobert Quintus Caecilius Metellus Mallorca für Rom.
122 v. Chr.	Als Zeichen ihres endgültigen Sieges gründen die Römer Palma (*Palmaria* = die Siegespalme). Die Hauptinsel wird *Balearis Major* oder *Majorica, Balearis Minor* oder *Minorica* ihre Schwesterinsel genannt, beide werden der Provinz Hispania Citerior eingegliedert. Die Romanisierung der Balearen beginnt mit der Besiedlung durch römische Veteranen und Kolonisten und der Einführung römischen Ackerbaus und römischer Siedlungsformen.
100–500 n. Chr.	Christianisierung der Balearen.
Ab 426	Die Vandalen greifen die Balearen von Spanien aus an und besetzen die Inseln.
534	Der byzantinische Kaiser Justinian besiegt 533 die Vandalen vor Afrika und erobert im Folgejahr auch die wichtigsten Mittelmeerinseln. Die Balearen werden der Provinz Sizilien zugeschlagen.
Ab 707	Arabische Einheiten greifen bei ihrer Eroberung Nordafrikas und der Iberischen Halbinsel auch die Balearen an. Die Einwohner der Inseln verlegen sich wieder auf die Piraterie und gehen gleichermaßen gegen die sich auflösende byzantinische Flotte und gegen arabische Geschwader vor. Es kommt zu mehreren Strafexpeditionen gegen die Inseln.

902	Unter der Regierungszeit von Abd Allah wird Mallorca für das Emirat Córdoba von den Arabern erobert und zu einem wichtigen arabischen Flottenstützpunkt im Mittelmeer ausgebaut. Unter arabischer Herrschaft erlebt es erneut eine Blütezeit.
1014–1115	Mallorca wird Provinz des Emirats von Demir, ab 1076 regieren unabhängige arabische Emirate.
1115	Christliche Einheiten unter der Führung des Grafen von Barcelona, Berenguer III., plündern die Insel, ziehen sich aber wieder zurück. Nun herrschen die aus Marokko stammenden Almoraviden.
1203	Gouverneure der Almohaden-Dynastie übernehmen die Macht über das Königreich Granada und regieren von *Medina Mayurqa* (Palma), die zu einer der acht bedeutendsten Städte des Westens gezählt wird, über die wieder aufblühende Insel.
1229	Von Salou aus erobert Jaume I. von Aragón Mallorca. Am 12. September, heute noch Gedenktag für das Ende der arabischen Herrschaft über die Insel, landet das christliche Heer. Nach einer erfolgreichen Schlacht gegen arabische Verteidiger beginnt eine dreimonatige Belagerung Palmas. Am 31. Dezember kapituliert der Emir und der Legende nach legt Jaume den Grundstein für die Kathedrale von Palma. Mallorca wird Teil des katalanisch-aragonesischen Herrschaftsgebietes.
1232	Geburt des Begründers der mallorquinischen Literatur Ramón Llull oder Raimundus Lullus.
1276	Nach dem Tod Jaumes I. werden dessen Besitzungen unter seinen Söhnen aufgeteilt. Jaume II. übernimmt die Herrschaft und ruft das unabhängige Königreich Mallorca aus. Er führt die Insel zu einer erneuten Blüte.
1324	Nach einigen weniger erfolgreichen Herrschaften besteigt Jaume III. den Thron. Durch Ausbau der mallorquinischen Flotte wird Palma zum bedeutendsten Hafen des Mittelmeers.
1349	Bei einer militärischen Auseinandersetzung Jaumes III. mit seinem Vetter, dem König von Aragón, unterliegt Mallorca und wird wieder der katalanisch-aragonesischen Krone einverleibt.
14. Jh.	Durch Pest und Hungersnöte kommt es zur Dezimierung der Bevölkerung. Mehrere Judenpogrome gipfeln während der Bauernaufstände 1391 in der Zerstörung des Judenviertels von Palma.
1469	Durch die Heirat zwischen Ferdinand von Aragón und Isabella von Kastilien wird Mallorca Teil des sich bildenden spanischen Staates.
1492	Nach der Entdeckung Amerikas richtet sich das wirtschaftliche Interesse Spaniens auf den Atlantik. Die Folge ist der wirtschaftliche Niedergang der Balearen, die immer wieder von zahlreichen Angriffen osmanischer und nordafrikanischer Piraten heimgesucht werden. Die Festungsanlagen werden ausgebaut.

1521–22	Bauern- und Handwerkeraufstände werden von königlichen Truppen niedergeschlagen.
1715	Nach dem Ende des Spanischen Erbfolgekriegs muss sich Mallorca, das den Habsburger Erzherzog Karl unterstützt hatte, dem neuen spanischen König Philipp V. von Anjou unterwerfen. Er schafft mallorquinische Sonderrechte ab; Kastilisch wird Amtssprache und die Insel der stärkeren Zentralisierung des spanischen Staates unterworfen. Die Aufhebung der Monopolgesetzgebung im Handel mit Amerika verhilft auch Mallorca zu neuer wirtschaftlicher Blüte.
1808	Im spanischen Unabhängigkeitskampf gegen Napoleon nimmt Mallorca, beschützt von englischen Flottenverbänden, 40 000 Flüchtlinge vom Festland auf.
1835	Säkularisierung der Klöster und Kirchengüter.
1837	Aufnahme des Passagierverkehrs zwischen Barcelona und Palma de Mallorca. Ein Dampfer benötigt 18 Stunden für die Überfahrt.
1838/39	George Sand und Frédéric Chopin verbringen einen Winter in der Kartause von Valldemossa. Ihre Erinnerungen verarbeitet Sand zu dem Roman »Ein Winter auf Mallorca«.
Ab 1867	Immer wieder reist Erzherzog Ludwig Salvator von Habsburg-Lothringen nach Mallorca, wo er sich später ganz niederlässt. Sein siebenbändiges Werk »Die Balearen in Wort und Bild« wird 1899 prämiert und gilt noch heute wegen seiner detaillierten Schilderungen als Standardwerk zu Natur und Kultur der Inseln.
1869–74	Nach der Entmachtung Isabels II. von Spanien kommt es zu Aufständen auf Mallorca, die 1873 in der Ausrufung der Republik gipfeln. Im Folgejahr gewinnen die monarchistischen Truppen Alfons' XII. die Oberhoheit zurück.
1875	Verkehr der ersten Eisenbahn zwischen Palma und Inca.
1901	Eröffnung des Gran Hotel in Palma.
1904	Vollendung des Inneren der Kathedrale von Palma durch den bedeutendsten Architekten des *Modernisme*, der katalanischen Spielart des Jugendstils, Antoni Gaudí.
1936–39	Im Spanischen Bürgerkrieg schließt sich Mallorca dem Putschisten General Franco an, der die Balearen als Truppenstützpunkte nutzt.
1945	Joan Miró, seit 1929 mit einer Mallorquinerin verheiratet, lässt sich auf der Insel nieder.
1956	Bau des ersten Flughafens nordöstlich von Palma. In den 1950ern entstehen die ersten großen Hotel- und Ferienanlagen.
1975	Nach dem Tod Francos leitet König Juan Carlos die Demokratisierung Spaniens ein.
1983	Die Balearen erhalten den Status einer autonomen Region mit Palma de Mallorca als Hauptstadt. Katalanisch wird neben Kastilisch offizielle Landessprache.
Ab 1990	Mehrere Programme zur Verbesserung des Tourismus werden verabschiedet. 1991/92 wird ein Drittel der Ge-

samtfläche der Insel unter Naturschutz gestellt. 1992 und 1997 muss der Flughafen, der inzwischen mehr als 14 Millionen Passagiere pro Jahr abfertigt, erweitert werden. 1996 erfolgt die erste Sprengung eines Hotels, das nicht den Schönheitsrichtlinien Mallorcas entspricht.

1999 Erstmals dürfen bei Kommunal- und Regionalwahlen Europäer mit Erstwohnsitz auf Mallorca, deren Zahl auf über 30 000 angewachsen ist (darunter rund 10 000 Deutsche), das aktive und passive Wahlrecht ausüben.

2003 Die neu gewählte konservative Regierung schafft die heftig umstrittene, 2002 eingeführte Ökosteuer wieder ab. Der Baustopp für die Ausweitung der Hotel- und Appartementkapazitäten wird aufgehoben.

2007 Verabschiedung eines neuen Autonomiestatuts. Bei den Regional- und Kommunalwahlen wird der Inselrat erstmals direkt gewählt. In Palma verkehrt die erste U-Bahn-Linie der Insel. Die neu gewählte Linksregierung verhängt erneut einen Baustopp für besonders gefährdete Küstenregionen und Naturgebiete.

2009 Mit 85 Flaggen der internationalen Vereinigung für Umwelterziehung (FEE) erhält Mallorca so viele Gütesiegel wie noch nie für Strände und Häfen.

Die baskische Untergrundorganisation ETA dehnt ihr Operationsgebiet auf Mallorca aus: Am 30. Juli werden zwei Polizisten in Palmanova durch eine Autobombe getötet, am 9. August explodieren vier weitere Sprengsätze in Palma.

2011 Die Tramuntana wird in die Welterbeliste der UNESCO aufgenommen.

2012 Mit einer neuen Kampagne sollen die Trinkgelage am Strand von Palma und der touristische Wildwuchs eingedämmt werden. ■

Handelsbörse Sa Llotja und Kathedrale von Palma auf einer historischen Postkarte

Ein Rundgang durch Mallorcas Hauptstadt

Wappen von Palma

Altstadt mit Kathedrale La Seu – Arabische Bäder – Plaça Santa Eulàlia – Rathaus – Plaça Major – Teatre Principal – Rambla – Plaça del Rei – Passeig des Born – Plaça Drassana – Königsgarten – Almudaina-Palast.

Ciutat, Stadt, nennen die Inselbewohner ebenso schlicht wie stolz ihre Hauptstadt. Seitdem die Römer mit der Gründung der Stadt ihren Sieg über die unbeugsamen Mallor-

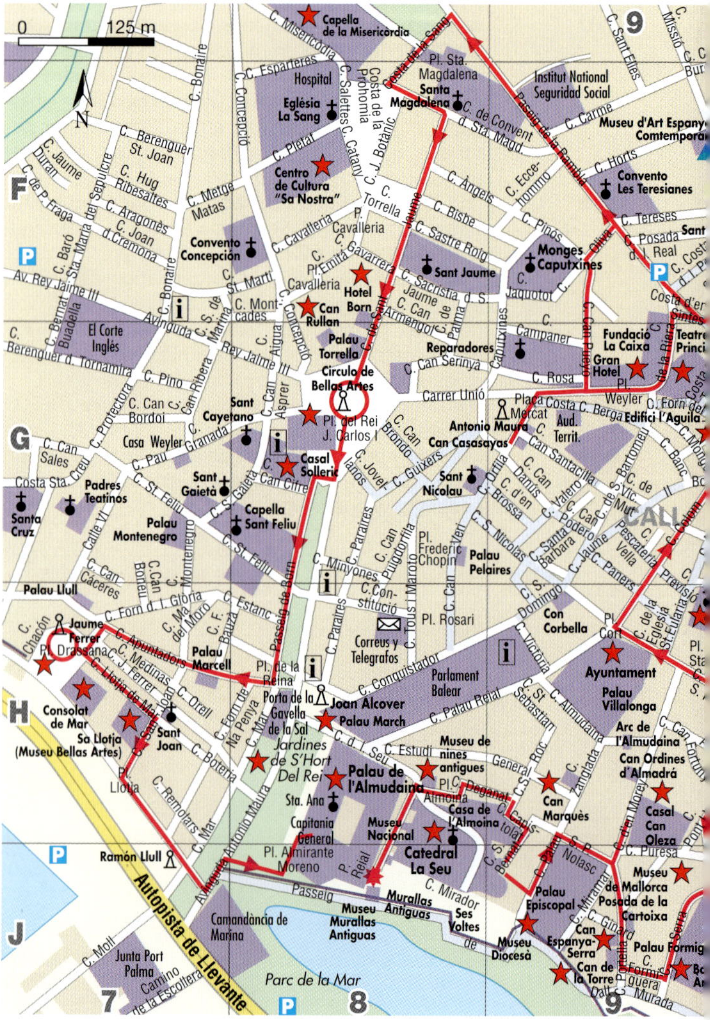

quiner krönten, zeugt Palma von den Wechselfällen der Geschicke der Insel. Hier fließen alle Verkehrsadern zusammen, hier liegt das kulturelle und politische Zentrum und hier eröffnen sich dem aufmerksamen Besucher der Zauber und die Widersprüche der größten Baleareninsel.

Auch wenn nur Weniges aus der Zeit der Römer und Mauren vorhanden ist, zählt die 1 **Altstadt** von Palma zu den größten und am besten erhaltenen des Mittelmeerraums. Jahrhundertelang dämmerte sie vor sich hin, bis sie vor einigen Jahren ein Restaurierungsprogramm aus dem Dornröschenschlaf weckte. Heute präsentiert Palma eine herausgeputzte Altstadt mit schicken Boutiquen, international renommierten Kunstgalerien und Museen. Der Jetset ankert im Jachthafen Porto Pi oder steigt in eindrucksvoll restaurierten Bürgerhäusern der Altstadt ab. Trotz der zahllosen Touristen, die sich im Sommer durch die engen Gassen schieben, spürt man auch dann den besonderen Zauber der Stadt.

Einen Rundgang beginnt man am besten am höchsten Punkt der Stadt. **La Seu**, die Kathedrale, liegt nicht nur im Zentrum der Altstadt, von der Stel- aH/aJ8

Arabische Anfänge: Almudaina-Palast

le, wo zur Zeit der maurischen Herrschaft die Hauptmoschee stand, bietet sich auch ein spektakulärer Blick über die Altstadt und die lang gezogene Bucht von Palma. Jaume I. legte den Grundstein für die Kathedrale in der Silvesternacht 1229, als seine christlichen Truppen Palma erobert hatten. Die Bauarbeiten schritten nur schleppend voran. Ab 1269 begann die Errichtung der Capilla Real, der Königskapelle im Chor, vollendet wurde der Bau schließlich erst 1904 von Antoni Gaudí, der der gotischen Kathedrale, die zu den größten Europas zählt, seinen unverwechselbaren Stempel aufdrückte.

Am besten steigt man über die großzügig angelegte Freitreppe zur Südfassade der Kathedrale, die sich früher eindrucksvoll im Meer und heute im künstlichen See des Parc de la Mar spiegelt. Der von wuchtigen Strebepfeilern beherrschte Bau öffnet sich im Süden über die heute meist verschlossene **Puerta del Mirador** aus den Jahren 1380–1430, ein prachtvolles Seitenportal, das eine Darstellung des Abendmahls und Christus im Kreise der Engel zeigt.

Bei der Umrundung der Kathedrale Richtung Westen passiert man die **Puerta de l'Almudaina** aus dem 16. Jahrhundert unterhalb der unvollendet gebliebenen Westfassade mit ihren seltsam verkürzt wirkenden Türmen. Ins Innere gelangen wir schließlich durch das Almosenhaus, die **Casa de l'Almoina**. Nach der Durchquerung der Sakristei erreicht man die beiden Kapitelsäle, die heute den Domschatz beherbergen. Hier befindet sich auch der Zugang zum Glockenturm und zum Kreuzgang.

»Kathedrale des Lichts« wird La Seu auch genannt, und wer den dreischiffigen Innenraum betritt, versteht warum: Erhellt durch die größte Rosette der Welt streben die ungewöhnlich schlanken Pfeiler in die Höhe und schaffen gemeinsam mit der Größe der Anlage eine ungeheure Raumwirkung. Von den 18 in den Seitenschiffen und im Chor untergebrachten Kapellen sollte man auf jeden Fall den ältesten Teil der Kirche, die **Capilla Real** von 1269 mit dem Hochaltar und dem Bischofsthron von 1261, im Chor aufsuchen. In der **Capilla Trinidad**, der Dreifaltigkeitskapelle, ebenfalls im Chor, liegen die beiden mallorquinischen Könige Jaume II. und Jaume III. begraben. Die **Capilla de Corpus Cristi** gilt als die schönste Seitenkapelle der Kathedrale mit einem geschnitzten Altaraufsatz von Jaume Blanquer aus dem 17. Jahrhundert. Seit dem Jahr 2007 konkurriert mit ihr um diesen Titel die **Petruskapelle** rechts neben dem Hauptchor, in der von Miquel Barceló in einer »Haut aus Ton« die Darstellung der »Speisung der Fünftausend« modelliert wurde; ein farbenprächtiges Halbrelief, an dessen Fischen, Broten, Früchten und Totenschädeln man sich kaum sattsehen kann.

Nach dem Verlassen der Kathedrale lohnt es sich, den Weg entlang ihrer Fassade zu wählen. Im Carrer de Sant Bernat (Haus Nr. 1), dem Carrer de Sant Pere Nolasc (Nr. 1) und bei einem Abstecher in den Carrer Morey (Nr. 8, 9, 11, 12, 33) eröffnen sich Einblicke in die historischen Innen-

Kloster Sant Francesc in Palma de Mallorca

höfe der Stadtpaläste mit ihren umlaufenden Holzbalkonen, Ziehbrunnen und Arkaden.

Wieder zurück in Richtung Süden gelangt man zum **Museu de Mallorca**, das sich der Geschichte der Insel widmet und in einem alten Stadtpalast untergebracht ist, den das Fresko »Die Verspottung« schmückt. Auf dem Weg Richtung alte Stadtmauer, die seit der Maurenherrschaft die Altstadt begrenzt, geht es vorbei an mehreren (neo)gotischen und barocken Gebäuden wie der **Can Espanya-Serra** (Nr. 8), einer ehemaligen Pension, der **Posada de la Cartoixa** mit der schweren Eisenkette am Barockportal (Nr. 12) und der **Can de la Torre**, dem derzeitigen Sitz der Architektenkammer (Nr. 14). Der **Carrer Portella** gibt einen Blick durch die Stadtmauer aufs Meer frei.

aJ9

Nach kurzem Weg parallel zur Stadtmauer erreicht man eines der wenigen erhaltenen Überbleibsel maurischer Architektur, die **Arabische Bäder/Banys Àrabs**, Badehäuser aus dem 10. Jahrhundert. Von hier aus tauchen wir ein in das **Call**, das alte Judenviertel, das sich zwischen dem Carrer Calatrava und der Plaça Major erstreckt. Verwinkelte Gassen öffnen sich auf die Plaça Sant Francesc, eindrucksvoll beherrscht von der hochgotischen Fassade der Kirche **Sant Francesc** mit ihrem überbordend dekorierten Portal. Der zur Kirche gehörige Kreuzgang mit seinen fein gearbeiteten Kapitellen gilt als der schönste Mallorcas. Im Kircheninneren liegt der Gelehrte und Begründer der mallorquinischen Literatur, Ramón Llull, begraben.

aH10

Über den nach dem Konvent benannten Carrer geht es zur Plaça **Santa Eulàlia** mit der gleichnamigen Kirche aus dem 13. und 14. Jahrhundert, die vor allem durch ihr üppig geschmücktes Portal besticht. Ein kleines Stückchen

aH9

weiter nach links trifft man an der Plaça Cort auf das
aH9 **Ayuntament**, das Rathaus. Hier residiert der Stadtrat, während die Verwaltung auf verschiedene Gebäude der Stadt verteilt ist. Den Innenhof des Palasts aus dem 17. und 18. Jahrhundert kann man nur auf Anfrage besichtigen; von außen beeindruckt das mit Schnitzereien reich verzierte Dachgesims der Fassade im Übergang vom Manierismus zum Barock.

aH/aG9 Der **Carrer de Colom**, eine der vornehmsten Einkaufsstraßen der Stadt, führt auf der Plaça Marquès de Palmer zu zwei bemerkenswerten Jugendstilhäusern aus den Anfangsjahren des 20. Jahrhunderts. Die Pläne für die ge-
aG9 schwungene Fassade von **Can Rei** stammen von dem Goldschmied Lluís Forteza Rey und das **Edifici l'Aguila**
aG9/10 wurde nach Plänen von Gaspar Bennàssar errichtet. Die sich anschließende, großzügig geplante Fußgängerzone, deren Zentrum die **Plaça Major** mit einladenden Straßencafés und einem samstäglichen Markt bildet, erstreckt sich fast bis zum Magen der Stadt, dem **Mercat de l'Oli-**
aF10 **var**. Bevor man eintaucht in den schönsten von Palmas Viktualienmärkten mit seinem reichhaltigen Angebot an Fisch und Fleisch, Gemüse und Obst, lohnt ein kurzer Besuch der Pfarrkirche **Sant Miquel**. In der beliebtesten Kir-
aF9/10 che der Stadt befindet sich die pausbäckige Madonna mit dem Kind, die mit Jaume I. auf die Insel gelangte und vor der er angeblich hier, an der Stelle einer ehemaligen Moschee, die erste Messe lesen ließ.

Nach einer Stärkung in einer der zahlreichen Tapasbars an den Eingängen des Mercat de l'Olivar schlendert man Richtung Südwesten zum **Teatre Principal**, einem Gebäu-
aG9 de in der opulenten Ausstattung der zweiten Hälfte des 19. Jahrhunderts. Montserrat Caballé war des Öfteren

Ein großer Moment: Auf dem Weg ins Ayuntament von Palma

Jugendstil-Diva: das Can Rei

hier zu Gast, im Frühjahr und Herbst finden Opernfestspiele statt. In dem ehemaligen **Gran Hotel** des berühmten katalanischen Modernisme-Architekten Lluís Domènec i Montaner gleich gegenüber befindet sich heute die **Fundació La Caixa**, die wechselnde Kunstausstellungen zeigt. Von hier geht es auf einen der beiden Prachtboulevards der Stadt, die unter schattigen Platanen zum Flanieren und Verweilen einladen. Die **Rambla** gehört vor allem den Blumenverkäufern; an ihrem oberen Ende biegt man am Botanischen Garten nach links zur Kirche **Santa Magdalena** ab. Hier lebte die einzige weibliche Inselheilige, Catalina Tomás aus Valldemossa, und hier wurde sie auch zu Grabe getragen.

aG9

aF9

aF8

Von der Kirche führt eine der schönsten Straßen Palmas, der **Carrer de Sant Jaume**, zur Plaça del Rei. Adelspaläste säumen das mittelalterliche Gässchen und lassen nur wenig Licht auf das dunkle Pflaster fallen. Hier haben sich renommierte Galerien und Werkstätten angesiedelt. Am unteren Ende lohnt der barocke Innenhof des **Hotel Born** ebenso einen Blick wie der neogotische des gegenüberliegenden **Can Rullan**, das heute die **Fundació Barceló**, ein Kulturzentrum zur Förderung junger Künstler, beherbergt. Am Schildkrötenbrunnen auf der **Plaça del Rei** vorbei tauchen wir ein in den **Passeig des Born**, den einst mondänsten Einkaufsboulevard der Stadt, der im Laufe seiner Geschichte mehrmals umgestaltet wurde und heute mit zahlreichen anderen Shoppingadressen

aF8

aG8

aG/
aH8

konkurriert. An seinem oberen Ende befindet sich rechts das **Casal Solleric**, der größte Privatpalast Palmas aus dem

aG8

18. Jahrhundert. Auch hier werden wechselnde Ausstellungen gezeigt.

Über die Plaça de la Reina biegt man nach rechts auf die **Plaça Drassana**. Ein Denkmal dort, wo sich früher die

aH7

Schiffswerft befand, erinnert an den mallorquinischen Seefahrer Jaume Ferrer, der noch vor den Portugiesen an Afrikas Westküste entlangsegelte. Im **Consolat de Mar**, dem Renaissancegebäude des ehemaligen Seehandelsgerichts, residiert heute die Regierung der Balearen. Ein Stück weiter östlich befindet sich mit der **Llotja**, der Börse aus dem 15. Jahrhundert, einer der prächtigsten gotischen Bauten Mallorcas, geschmückt mit Türmchen, furchtgebietenden Wasserspeiern und einem Engel als Beschützer der Kaufleute. Doch das Gebäude repräsentierte nur ein halbes Jahrhundert mallorquinische Handelsmacht, denn nach der Entdeckung Amerikas verloren die Mittelmeerhäfen ihre Bedeutung. Heute verbindet sich die Architektur mit moderner Kunst, wenn das Museum der Schönen Künste dort Wechselausstellungen veranstaltet.

Vorbei am Denkmal für den berühmtesten Sohn Mallorcas, Ramón Llull, beenden wir unseren Spaziergang im

J7

Königsgarten S'Hort del Rei, einer Oase mit Wasserbecken und verspielten Statuen. Daran grenzt der **Palau**

aH8

de l'Almudaina, der über der einstigen Residenz der Wesire errichtet wurde. Heute beherbergt der Palast ein kleines Museum und dient als Residenz des Königs, wenn er auf der Insel weilt.

Palmas Strände

Vielen gelten Palmas Strände als Inbegriff Mallorcas überhaupt. Im Sommer tobt hier das Leben und es wird eng, laut und bunt; im Winter verwaisen Strandlokale und Betonburgen und nur vereinzelt finden Einheimische und Fremde den Weg an den Strand. Anderen wiederum erscheint die kilometerlange Partyzone als der Insel ganz und gar wesensfremd, als eine Art exterritorialer Vergnügungspark. Auch wenn es zwischen beiden Anschauungen kaum einen Ausgleich gibt, wird wohl niemand bestreiten, dass hier die Erschließung Mallorcas für den Massentourismus ihren Ausgang nahm, und nach wie vor ist die Beliebtheit der Strände Palmas ungebrochen. Zwischen Juni und September gibt es Sonne, Strand und Sangría satt und Feierwütigen werden kaum Grenzen gesetzt. Für Kinder sind die flach abfallenden Strände mit dem feinkörnigen Sand ein Ferienparadies und so finden auch ihre Eltern Erholung in den kostbarsten Wochen des Jahres.

In den letzten Jahren bemühten sich die Behörden, den schlimmsten Wildwuchs einzudämmen. Hotels und Strandbauten wurden renoviert, Strandpromenaden angelegt und selbst der Ausschank der beim teutonischen Publikum so beliebten Sangría, einer Mischung aus Rotwein, Fruchtsaft und Hochprozentigem, wurde auf kleinere Gefäße beschränkt. Nach der Fußball-WM 2006 wurde die zulässige Dezibelzahl für Außenbeschallung heruntergesetzt und nach Mitternacht muss die Musik ganz aus bleiben. Dennoch kann in Mallorcas erster Skihütte »Almrausch« oder im »Oberbayern« immer noch die ganze Nacht gefeiert werden. Entlang der Bier- und Schinkenstraße dehnt sich die deutsche Meile rund um den sogenannten Ballermann, eine Verballhornung der spanischen Bezeichnung für Balneario (Badeort).

Eigentlich gehört die lang gezogene Bucht zwischen dem Flughafen Son Sant Joan und S'Arenal zu zwei Gemeinden, der Westteil zu Palma, der östliche zu S'Arenal. Allerdings nimmt das kaum jemand so genau und die Einteilung der Strandabschnitte in 15 Balnearios von Ost nach West tut ihr Übriges. Etwa in der Mitte, bei Balneario 6, befindet sich der eigentliche Ballermann, das Zentrum des deutschen Spaßtourismus, auch wenn 1998 das entsprechende Schild an dem Strandlokal abmontiert wurde. J/K7

In der Nähe des Hafens von **S'Arenal** findet sich noch ein Stück des ursprünglichen Fischerdorfs mit einigen alten Bars und Bäckereien. Auch der Jachthafen ist Teil des ursprünglichen Ortes und inzwischen Anlaufstelle für so manchen Jetset. Eine Attraktion ist der am Ortsrand gelegene Wasserpark **Aqualand** und in der Nähe des Jachtclubs überrascht das kleine und feine Meeresmuseum **Aula de la Mar**. ■ K7

Ein Stückchen Südsee: Sonnen unter Palmen an der Platja de Palma in S'Arenal

Service-Informationen zu Palma de Mallorca

Oficines d'Informació Turística

J7 – Am Flughafen Aeroport de Palma
07000 Palma, ✆ 971 78 95 56

aH8 – Pl. de la Reina, 2, 07012 Palma
✆ 971 17 39 90, Fax 971 17 39 94

aG8 – Casal Solleric, Passeig des Born, 27
07012 Palma, ✆ 902 10 23 65

aE10 – Pl. d'Espanya, Ed. Parc de ses Estacions
07002 Palma, ✆ 902 10 23 65

J7 – Pl. Meravelles, s/n, 07610 Platja de Palma
✆ 902 10 23 65, Fax 971 26 45 32

www.palmademallorca.es

J7

Touristenzug

Zwischen Cala Estancia (am Flughafen) und den Balnearios 1–15

Von Frühling bis Herbst tägl. 9.30–20.40, im Sommer bis 24 Uhr, Fahrplan nach Wetter und Nachfrage, € 4 hin und zurück (nur am selben Tag)

Kein schienengebundener Zug, sondern eine Touristenbahn, die den Strand entlangfährt.

Touristenbusse

Tägl. ab 10 Uhr, März–Mai und Mitte Sept.–Okt. bis 20, Juni–Mitte Sept. bis 22, Nov.–Feb. bis 18 Uhr

Tagesticket € 15/7,50, 48 Stunden € 18,73/9,37

Die Hop-on/hop-off-Busse fahren im 20-Minuten-Takt alle Sehenswürdigkeiten Palmas an. Man kann beliebig oft ein- und aussteigen, per Kopfhörer gibt es Erklärungen in 8 verschiedenen Sprachen, die Fahrt dauert knapp 1 1/2 Stunden. Tickets kauft man direkt beim Fahrer, im Hotel, an Zeitungskiosken oder ein wenig billiger online unter www.mallorcatour.com.

Blumenstände an der Rambla von Palma

P Wer über die Küstenstraße nach Palma kommt und sich nicht mit dem Auto durch die engen Gassen quälen will, findet Parkplätze am **Port de Pescador** in Sichtweite der Kathedrale (weitere Parkplätze s. Stadtplan). aJ7

Ayuntament aH9
Pl. Cort, 1, 07001 Palma
✆ 971 22 59 00
Das Rathaus der Stadt wurde im ehemaligen Sitz der Exekutive des Königreichs Mallorca untergebracht. Später beherbergte das Gebäude die Universität. Die Fassade stammt aus dem 17./18. Jh., das Innere aus dem 19. Jh. Die meisten Besucher werden sich auf einen Besuch des Patios beschränken müssen, denn das Innere ist den Stadtbeamten vorbehalten.

Almudaina Palast/Palau de l'Almudaina aH8
C/Palau Reial, s/n, 07001 Palma
✆ 971 21 41 34, tägl. außer Mo 10–20 Uhr, Eintritt € 9/4, Do 17–20 Uhr für EU-Bürger frei
Wenn der spanische König nicht in Palma weilt, kann der römische Palast, der den muslimischen Gouverneuren bis 1229 als Wohnsitz diente, unter sachkundiger Führung besucht werden. Zu sehen gibt's die St.-Anna-Kapelle aus dem 14. Jh. und den Thronsaal. Unterhalb des Palastes lockt der frei zugängliche Königsgarten **S'Hort del Rei**.

Arabische Bäder/Banys Àrabs aJ9
Can Serra, 7, 07001 Palma
✆ 971 72 15 49, tägl. 9–19.30, im Winter bis 18 Uhr
Eintritt € 2, Kinder unter 12 Jahren frei
Eines der wenigen Zeugnisse arabischer Baukunst in Palma. Die Anlage war wahrscheinlich Teil eines Palasts. Lohnenswert auch wegen des zauberhaften Gartens.

Basilica Sant Francesc aH10
Pl. Sant Francesc, 7, 07001 Palma
✆ 971 71 26 95, Mo–Sa 9.30–12.30 und 15.10–18, So/Fei 9–12.30 Uhr, Eintritt € 1
Vor allem der gotische Kreuzgang gilt als einer der schönsten der Insel. Im Inneren sollte man nicht versäumen, das alabasterne Grabmal Ramón Llulls zu besuchen.

Can Marquès aH9
C/Zanglada, 2A, 07001 Palma
✆ 971 71 62 47, www.canmarquescontemporaneo.net
Mo–Fr 10–15 Uhr, Eintritt € 6/5
Das einzige Herrenhaus Palmas, das besichtigt werden kann und einen Eindruck vom Lebensstil um die Wende vom 19. zum 20. Jh. vermittelt.

Capella de la Misericòrdia aE8
Via Roma, 1, 07012 Palma

✆ 971 71 42 57
Mo–Fr 10–13.30 und 17–19, Sa 10.30–13.30 Uhr
Eintritt frei
In der ehemaligen Kapelle des Armenhauses werden temporäre Ausstellungen gezeigt.

aG8

Casal Solleric
Passeig des Born, 26, 07012 Palma
✆ 971 72 20 92, www.casalsolleric.cat
Di–Sa 10–14 und 17–21, So/Fei 10–13.30 Uhr
Eintritt frei
Der Palais aus dem 18. Jh. wird heute als städtischer Ausstellungsraum genutzt. Angeschlossen sind eine Buchhandlung und ein Café.

J6

Castell de Bellver
C/Camilo José Cela, s/n, 07014 Palma
✆ 971 73 06 57, tägl. außer Mo Mai–Aug. 10–19, Sept./Okt. und März/April bis 18, Nov.–Feb. bis 17 Uhr, Eintritt € 2,50/1
Eine der wenigen kreisförmig angelegten Burgen Europas. Das unter Jaume II. erbaute Gebäude diente später als Gefängnis und als Münzerei. Heute beherbergt es eine Sammlung zur Geschichte der Insel. Eindrucksvoll ist der Panoramablick von der Terrasse über Bucht und Stadt.

aH/aJ8

Catedral und Museu de la Seu
Pl. de l'Almoina, s/n, 07001 Palma
✆ 971 72 31 30, www.catedraldemallorca.info
Mo–Fr Juni–Sept. 10–18.15, April/Mai und Okt. 10–17.15, Nov.–März 10–15.15, ganzjährig Sa 10–14.15 Uhr, Eintritt € 4, Kinder frei
Am besten besucht man die Kathedrale in den Morgenstunden, wenn der Lichteinfall durch die außergewöhnlich große Rosette an der Ostfassade das Kircheninnere erhellt und in verschiedene Farben taucht. Im dazugehörigen Museum werden in der gotischen Sakristei und dem Kapitelsaal mit gotischen und barocken Stilelementen sakrale Kunstgegenstände gezeigt.

aF8

Centro de Cultura »Sa Nostra«
C/Concepció, 12, 07012 Palma, ✆ 971 72 52 10
Eintritt frei
Kulturzentrum im Can Castelló, einem Palais aus dem 18. Jh. mit modernistischer Fassade.

aG6

Es Baluard Museu d'Art Modern i Contemporani
Pl. Porta de Santa Catalina, 10, 07012 Palma
✆ 971 90 82 00, www.esbaluard.org
Di–Sa 10–20, im Sommer bis 22, So 10–15 Uhr
Seit 2004 das Museum der Stadt für moderne und zeitgenössische Kunst mit Werken von u.a. Picasso, Chagall, Gauguin und Miró. Außerdem wechselnde Sonderausstellungen.

Fundació La Caixa
Im Gran Hotel, Pl. Weyler, 3, 07001 Palma
✆ 971 46 45 50, Di–Sa 10–21, So/Fei 10–14 Uhr, Eintritt frei
Das als Hotel konzipierte modernistische Gebäude von Lluís Domènec i Montaner beherbergt eine Sammlung von Werken mallorquinischer Künstler. Die sonnige Terrasse des angeschlossenen Cafés lockt zu einer erholsamen Pause in stilvollem Ambiente.

aG9

Museu Fundación Juan March
C/Sant Miquel, 11, 07002 Palma
✆ 971 71 35 15, www.march.es
Mo–Fr 11–15 Uhr nach Voranmeldung, Eintritt frei
Die Ausstellung moderner und zeitgenössischer spanischer Kunst geht auf die Sammlung Joan March zurück. Seit 1990 verwaltet die nach dem Sammler benannte Stiftung das Museum.

aF9

Museu de Mallorca
C/Portella, 5, 07001 Palma
✆ 971 71 75 40
Di–Sa 10–19, So 10–14 Uhr, Eintritt € 2,40
In dem Adelspalais aus dem 17. Jh. erzählen die Exponate von der Frühgeschichte und der maurischen Periode der Insel. Außerdem werden gotische Retabeln (Altaraufsätze) und Kunstgewerbe gezeigt.

aJ9

Museu de nines antigues
C/Palau Reial, 27, 07001 Palma
✆ 971 72 98 50
Tägl. außer Mo 10–18 Uhr, Eintritt € 3,50/2,50
Sammlung historischer Puppen.

aH8

Museu Diocesà
C/Mirador, 5, 07001 Palma
✆ 971 72 38 60, tägl. außer So 10–14 Uhr, Eintritt € 3

aJ9

Blick auf Jachthafen und Kathedrale vom Castell de Bellver aus

Sakrale Kunstwerke aus den Beständen der Kathedrale und anderer religiöser Bauten Mallorcas.

aH9

Oleza-Palast/Casal Can Oleza
C/d'en Morey, 9, 07001 Palma
Der Patio aus dem 17. Jh. war wegweisend für die mallorquinische Architektur. Abgesenkte Bögen vermitteln den Eindruck außergewöhnlicher Leichtigkeit, die Loggia bildet den Übergang zwischen Privat- und Repräsentativgemächern, schmiedeiserne Handläufe werden optisch durch auf breiten Sockeln ruhende ionische Säulen begrenzt.

aH8

Palau March
C/Palau Reial, 18, 07001 Palma
✆ 971 71 11 22, www.fundacionbmarch.es
April–Okt. Mo–Fr 10–18.30, Nov.–März bis 14, Sa ganzjährig 10–14 Uhr, Eintritt € 4,50, unter 12 Jahren frei
Skulpturen aus der Sammlung March mit Werken u.a. von Moore und Chillida, europäischen Madonnen, einer sizilianischen Krippe aus dem 18. Jh. und den Wandmalereien von Josep Maria Sert. Außerdem ist ein Saal der mallorquinischen Kartographie gewidmet.

aF1

Pueblo Español
C/ Pueblo Español, 55, 07014 Palma
✆ 971 73 70 70, www.congress-palace-palma.com
Wechselnde Öffnungszeiten
Nachbauten berühmter spanischer Gebäude in verkleinertem Maßstab verleihen dem Pueblo ein Flair zwischen Museum und Disney World. Zum Zeitpunkt der Drucklegung ist nicht klar, ob das Projekt weiter besteht. Öffnungszeiten bei der Touristeninformation erfragen.

aH7

Sa Llotja/Börse
Passeig Sagrera, s/n, 07012 Palma
✆ 971 71 17 05, während Ausstellungen Di–Sa 11–14 und 17–21, So 11–13.30 Uhr
Die Börse (1421–48), einer der bedeutendsten Profanbauten der Gotik, stammt aus dem 15. Jh. Ein Engel über dem Haupteingang wachte früher über das Glück der Kaufleute und heute über die Ausstellungen moderner Kunst.

aH9

Santa Eulàlia
Pl. Sta. Eulàlia, 2, 07001 Palma
✆ 971 71 46 25
Tägl. außer So 9–10.30 und 17–20 Uhr, Eintritt frei
Neben der Kathedrale der einzige dreischiffige Kirchenbau Palmas. Besonders sehenswert ist das überbordend verzierte Portal der Kirche, die durch verschiedene Stilrichtungen geprägt wurde.

aF9/10

Sant Miquel
C/Sant Miquel, 2, 07002 Palma

Jugendstil-Konditorei an der Plaça Weyler

✆ 971 71 54 55, Mo–Sa 8–13.30 und 18–19.30, So 10–12.30 und 18–19.30 Uhr, Eintritt frei
Eine der ältesten Kirchen Palmas beherbergt die pausbäckige Madonna, die Jaume I. mit nach Mallorca brachte. Die Kirche steht an der Stelle einer ehemaligen Moschee.

Aula de la Mar K7
C/Miramar, 07600 S'Arenal
✆ 971 44 20 19, Mo–Fr 9.30–13 Uhr, Voranmeldung ratsam, da oft von Schulklassen ausgebucht
Interessantes Museum zu Flora und Fauna des Meeres.

Palma Aquarium J7
C/Manuela de los Herreros i Sorà, 21, 07610 Palma
✆ 971 74 61 04, www.palmaaquarium.com
Tägl. April–Okt. 10–18.30, Nov.–März 10–16.30 Uhr (die Kasse schließt 1 ½ Stunden vor Schluss, Eintritt € 21,50/16,50
55 Aquarien zeigen die reiche Meeresfauna – auch Haie.

Aqualand K7
Autobahnausfahrt, S'Arenal (13, km 15)
07600 S'Arenal
✆ 971 44 00 00, www.aqualand.es
Tägl. Mai–Sept. 10–17, Juli/Aug. bis 18 Uhr, Eintritt € 24/17

Ca's Cuiner aH9
Pl. Cort, 5, 07001 Palma
✆ 971 72 12 62, Mo–Sa 9–20, So/Fei 11–15.30 Uhr
Berühmt sind die Produkte vom Schwein aus eigener Herstellung wie z.B. die *Sobrasada*. Zentral gelegenes, bei Touristen beliebtes Restaurant. €–€€

Celler Sa Premsa aE9
Pl. Bispe Berenguer de Palou, 8, 07003 Palma
✆ 971 72 35 29, www.cellersapremsa.com
Mo–Sa 12–16 und 19.30–23.30 Uhr, Juli/Aug. Sa geschl.
Uriger Weinkeller mit spanisch-mallorquinischer Küche, der aufgrund seiner moderaten Preise bei Einheimischen und Touristen gleichermaßen beliebt ist. €

Im Sommer tägl. 9–4 Uhr
Café, das nachts zur gläsernen Disco mit spektakulärem Blick auf die Kathedrale wird.

aH7

Blues Ville
C/Mas del Moro, 3, 07012 Palma
Nachdem die Blueskneipe Anfang 2011 wegen des fehlenden Schallschutzes geschlossen wurde, soll sie Ende 2012 wiedereröffnet werden.
Blues- und Rockkonzerte von lokalen Bands. Authentische Spelunke mit Charme!

aH7

Jazz Voyeur Club
C/Apuntadors, 5, 07012 Palma
✆ 971 72 07 80, www.jazzvoyeurfestival.com
Tägl. 20–5, Konzerte ab 22 Uhr
Stilvoller Jazzclub, der an Wochentagen Flamenco-Sängern eine Bühne bietet.

J5

Garito Club
Dàrsena de Can Barbarà, s/n, 07015 Palma
✆ 971 73 69 12, www.garitocafe.com, tägl. ab 19 Uhr
Was meist mit einem Musikmix aus Lounge, Soul und Fusion beginnt, steigert sich zu fortgeschrittener Stunde zu heißen House-Rhythmen. Am Wochenende gehören die Turntables internationaler DJ-Prominenz.

aK1

Tito's
Passeig Marítim/Pl. Gomila, 07014 Palma
✆ 607 37 41 38, www.titosmallorca.com
Mo–Fr 22.30–6, Sa 23.30–6, So 23–6 Uhr, im Winter nur Do–So
Bis zu 1000 Partywütige füllen die Großraumdisco mit dem gläsernen Aufzug.

Einkaufen
Seit einigen Jahren hat sich Palma von einer verschlafenen Kleinstadt in eine mondäne Metropole verwandelt, in der auch internationale Mode- und Designlabels vertreten sind. Daneben gibt es natürlich eine Vielzahl kleinerer Läden mit typisch spanischen und mallorquinischen Souvenirs. Nicht zu vergessen die zahlreichen Feinkost- und Spezialitätengeschäfte. Außerdem ist Mallorca ein Zentrum der spanischen Schuhproduktion und so hat Palma ein schier überwältigendes Angebot an Schuh- und Ledergeschäften. Wie in den meisten Großstädten lässt man sich beim Bummel durch die Stadt am besten einfach treiben. Flagshipstores, Feinkost und Kunstgalerien gruppieren sich vor allem am **Passeig des Born** (aG/aH8), **Carrer Unió** (aG8/9) und **Carrer Sant Miquel** (aD–aF10). Kunsthandwerk und Souvenirs findet man rund um die **Plaça de l'Artesania**.

aG8

Cooltura
C/Guixers, 5, 07001 Palma

Kreationen international renommierter Top-Designer. Hier dominieren Extravaganz und Avantgarde.

Dialog-Palma aF9
C/Carme, 14, 07003 Palma
www.dialog-palma.com
Die größte deutschsprachige Buchhandlung Spaniens mit der bestsortierten Mallorca-Abteilung. Angeschlossen sind eine Sprachschule und eine Cafetería, in der sich Residenten, Langzeiturlauber und Sprachschüler treffen.

Festival Park G7
Autobahn Palma–Inca, km 7,1 (Ausfahrt: Sa Cabaneta/Sta. María), www.festivalpark.es
Mo–Sa, Kinos, Bar etc. auch So
Großes Outlet- und Freizeitcenter mit vielen Outlet-Stores, Kinos, Restaurants und Veranstaltungen. Seit 2007 hat der Park einen eigenen Bahnhof auf der Zuglinie Palma/Inca. Die Buslinie 330 (von Palma) steuert ebenfalls den Festival Park an.

Ganga Charol aE11
Bisbe Joan Maura, 6, 07005 Palma
Etwas außerhalb des eigentlichen Stadtkerns befindet sich der Geheimtipp für trendige und klassische Fußbekleidung.

Gordiola aG/aH9
C/Jaume II, 14 und C/Victoria, 6
07001 Palma
Filialen der ältesten noch existierenden Glashütte Palmas. Die Glasbläserei der Insel ist ein Ableger der venezianischen Murano-Glas-Produktion. Trotz des Verbots für die Glasbläser, Murano zu verlassen, siedelten sich einige in Palma an und konkurrierten erfolgreich mit den Produkten ihrer alten Heimat. Die Umstellung auf industrielle Massenfertigung scheiterte, so dass man sich seit den 1920ern auf die handwerkliche Tradition besonnen hat.

Mercat de l'Olivar aF10
Pl. Olivar, 07002 Palma
Tägl. außer So 7–14 Uhr
Der wichtigste Markt der Stadt mit allen Köstlichkeiten, die die Insel zu bieten hat. Auch für die Augen ein Genuss. Außerdem gibt es in Palma die zwei kleineren Märkte **Mercat Santa Catalina** an der Plaça Navegació und **Mercat Garau** an der Plaça Pedro Garau.

Kunsthandwerkermarkt Plaça Major aG9/10
Juli–Sept., Kar- und folgende Woche tägl. 10–14, Mitte Dez.–Anfang Jan. tägl. 10–20, sonst Mo/Di, Fr/Sa 10–14 Uhr
Großer Kunsthandwerkermarkt, auf dem man Mitbringsel für die Daheimgebliebenen findet. ■

Reiseregionen, Orte und Sehenswürdigkeiten

DER WESTEN

Südwestlich von Palma erreicht man über eine waldreiche Halbinsel, die am Cap de Cala Figuera in ihre südlichste Spitze mündet, die Südwestausläufer der Tramuntana. Die Gegend um Calvià gilt als die wohlhabendste ganz Spaniens. Im Sommer trifft sich hier der Jetset und die umliegenden Küstenorte haben sich deutsche und englische Touristen untereinander aufgeteilt. Wenige Kilometer nördlich von Andratx trifft man auf Mallorcas spektakulärste Küstenstraße. Bis Sóller reihen sich Kurven an Kurven und geben zwischen pittoresken Bergdörfern immer wieder atemberaubende Ausblicke auf bizarre Felsabstürze, das tiefblaue Meer und einsam gelegene Fincas preis.

J5

Cala Major

An den Westausläufern Palmas verbringt das spanische Königspaar gelegentlich den Sommer, während die königliche Jacht im nahe gelegenen Hafen Porto Pi umgeben von den Luxusbooten der internationalen Schickeria leise vor sich hin schaukelt. Nur sehr vereinzelt finden deutsche Touristen hierher; der Ort befindet sich zur Hauptreisezeit fest in britischer und skandinavischer Hand.

Bis heute unverändert: das Atelier Mirós

Fundació Pilar i Joan Miró
C/Joan de Saridakis, 29
07015 Cala Major
✆ 971 70 14 20
http://miro.palmademallorca.es
Di–Sa 10–18, im Sommer bis 19, So/Fei 10–15 Uhr
Eintritt € 6/3
1956 ließ sich Miró auf Mallorca, der Heimat seiner Frau, nieder. Neben den Atelierräumen des Malers zeigt eine Dauerausstellung Werke Mirós. Wechselausstellungen sind meist heimischen Künstlern gewidmet.

H–K 3–5

Gemeinde Calvià

Die etwas im Landesinneren gelegene, finanzkräftige Gemeinde verwaltet von ihrem als »Königspalast« betitelten, modernen Rathaus aus rund ein Sechstel der gesamten Bettenkapazität der Insel. An dem

»Dolce far niente« an Mallorcas Gestaden

östlich vorgelagerten Küstenstreifen reihen sich zahlreiche Feriensiedlungen und Residenzen von Festlandsspaniern, die ganzjährig das milde Klima der Insel genießen.

Die kleine, dem Meer zugewandte Ortschaft **Ses Illetes** verdankt ihren Namen den versprengten vorgelagerten Inselchen. Direkt vor der Isla de la Caleta und ein kleines Stück weiter nördlich liegen die einzigen kleinen Sandstrände des Dorfs. Auch weiter Richtung **Portals Nous** bleibt der Meerzugang ebenso exklusiv, wie sich der moderne Jachthafen des Ortes **Puerto Portals** gibt. Sehenswert ist das über der Ortschaft liegende Kirchlein Nuestra Senyora de Portals mit der ursprünglich aus Portal Vells stammenden Virgen del Carmen. J5

Bis nach **Badia de Palma** auf der Nordhälfte der Halbinsel zieren Feriensiedlungen und Hotelanlagen die Küste, dafür findet sich auf wenigen Kilometern alles, was das Urlauberherz begehrt. **Magalufs** Strand wurde durch Sandaufschüttungen verbreitert und vor einigen Jahren durch eine Strandpromenade dem Tourismus erschlossen. In **Santa Ponça** im Westen der Halbinsel erinnert ein Kreuz an die Landungsstelle Jaumes I., den Ausgangspunkt der christlichen Rückeroberung Mallorcas. K4 J/K3

Peguera befindet sich fest in deutscher Hand, wovon zahlreiche deutsche Beschilderungen zeugen. Von der verkehrsberuhigten Hauptstraße führen schmale Gassen zum nach Südwesten ausgerichteten feinen Sandstrand. J3

D/E6/7

Sóller

Sulliar, Tal des Goldes, nannten die Araber die Stadt, denn wenige Kilometer über dem Meer, umrahmt von den höchsten Bergen der Tramuntana, liegt sie inmitten eines fruchtbaren Tales, in dem noch heute Orangen, Zitronen, Feigen und Oliven geerntet werden. Vom Meer aus besiedelt, blieb das Städtchen jahrhundertelang gegen das Hinterland abgeschlossen. Heute bietet sich dem Besucher eine weltoffene und lebendige Kleinstadt, in der sich viele Fremde über den Sommer oder auf Dauer niederlassen. Mit dem Sonnenuntergang, wenn die zahlreichen Tagesausflügler ihr wieder den Rücken kehren, findet die Stadt zu ihrem eigenen Rhythmus zurück.

Eine Besichtigung beginnt man am besten im Zentrum des Städtchens, an der hübschen **Plaça Sa Constitució**. Die Fassade der Pfarrkirche **Sant Bartomeu**, schon bald nach der Eroberung durch Jaume I. begonnen, wurde ebenso wie die der **Banco Central Hispano** und wie die Villa **Ca'n Prunera** in der Carrer de Sa Luna von dem Gaudí-Schüler Joan Rubió i Bellver gestaltet. Überhaupt ist Sóller wohl das neben Palma architektonisch interessanteste Städtchen der Insel. Französische Einwanderer begannen im 19. Jahrhundert den Orangenexport nach Europa und brachten französische Lebensart und Baustile mit. Mitte des Jahrhunderts trieb ein Schädling viele Orangenbauer ins Exil. Aus Amerika zurückgekehrt, bauten sie überbordende Villen und Stadthäuser im Kolonialstil als beredtes Zeugnis ihres wirtschaftlichen Erfolgs.

D7

Die Stadt ist durch die einzige Straßenbahn der Insel mit ihrem Hafen **Port de Sóller** verbunden. Im örtlichen Botanischen Garten wird der Pflanzenreichtum Mallorcas bewahrt: Hier lagern die schockgefrorenen Samen von 1700 einheimischen Pflanzen.

O.I.T
Pl. Espanya, s/n (im Zugwagon)
07100 Sóller, ✆ 971 63 80 08, www.ajsoller.net

❹ Seit 1912 verbindet eine Eisenbahnlinie, »**Roter Blitz**« genannt, Sóller mit Palma. Die Bahn braucht für die 27 km knapp eine Stunde und durchquert 13 Tun-

Vorbereitung auf das Tagwerk: Fischer in Port de Sóller

In der alten »tranvía« kann man die Plaça sa Constitución in Sóller passieren

nel, doch die Zeit sollte man sich nehmen. Die Fahrt führt mit ungewöhnlich steiler Streckenführung durch das schönste Stück der Tramuntana und mündet schließlich im Schatten der letzten Erhebungen in **Bunyola**, dessen Ahornalleen und Olivenplantagen von beschaulichem Landleben erzählen, in die Ebene nach Palma ein. F7

Mehrmals täglich, hin und zurück € 19,50/14, einfache Fahrt € 12,50/9, www.trendesoller.com.

Für € 5 (Tickets im Zug) kann man sich mit der hölzernen Straßenbahn, dem sogenannten »Orangenexpress«, der früher die Ernte der Orangenplantagen vom Landesinnere ans Meer brachte, vom Bahnhof Sóller nach Port de Sóller chauffieren lassen, ein Transportmittel, das vor allem bei Touristen sehr beliebt ist.

Museu Balear de Ciències Naturals i Jardí Botanic D7
Ctra. Palma–Port de Sóller, km 30, 07100 Sóller
✆ 971 63 40 64, www.museucienciesnaturals.org
Di–Sa März–Okt. 10–18, Nov.–Feb. 10–14 Uhr, Eintritt € 5/4, Kinder unter 12 Jahren frei
Mitte des 19. Jh. verwandelte eine Bank ein aufgelassenes Landgut in einen botanischen Garten.

Museu de la Mar
C/Sta. Caterina d'Alexandria, 50, 07108 Port de Sóller
✆ 971 63 22 04, Mi–Sa 10–17, So/Fei 10–14 Uhr
Eintritt € 3/2
In einem historischen Gebäude hoch über dem Meer wird die Geschichte Sóllers erzählt.

Vom Leuchtturm am **Cap Gros**, dem Ausgangspunkt mehrerer Wanderwege, genießt man einen schönen Blick auf das Rund der Bucht von Port de Sóller. D6

Béns d'Avall
Urb. Costa Deià, Ctra. Sóller–Deià, 07100 Sóller
✆ 971 63 23 81, www.benetvicens.com
Ein Abendessen in diesem Restaurant, über einer kleinen Bucht zwischen Deià und Sóller gelegen, ist ein unver-

gessliches Erlebnis. Der Küchenchef hat sich der Verarbeitung lokaler, zum Teil ökologisch produzierter Produkte verschrieben. Auf der Terrasse lassen sich, umspielt von den warmen Farben der untergehenden Sonne, die mit Raffinesse zubereiteten Gerichte probieren. €€–€€€

Beim Stadtfest **Es Firo** wird am 2. Wochenende im Mai der erfolgreichen Abwehr eines maurischen Piratenheers im Jahr 1561 gedacht. Ein großes Spektakel in historischen Kostümen.

Von Port de Sóller verkehrt mehrmals am Tag (abhängig von den Meeres- und Witterungsverhältnissen) ein Boot nach **Port de Sa Calobra** (siehe S. 41). Hin und zurück € 22/11, einfach € 12/6.

Ausflugsziele:

F6

Jardines d'Alfàbia
Ctra. de Sóller, km 17, www.jardinesdealfabia.com, April–Okt. Mo–Sa 9.30–18.30, Nov.–März Mo–Fr 9.30–17.30, Sa bis 13 Uhr, Eintritt € 5,50
Ein weiteres Zeugnis arabischer Gartenbau- und Bewässerungskunst bieten die Gärten, an der Ma 11 zwischen Palma und Sóller kurz vor der Einfahrt in den Tunnel. Hier wandelt der Besucher in beschaulicher Stille durch schattige Laubengänge, vorbei an jahrhundertealten Palmen, prachtvollen Blüten und raffiniert angelegten Bewässerungskanälen. Auch die kleine barocke Landvilla und die Ölmühle lohnen einen Besuch. Beim Ausgang sollte man einen Blick auf die kunstvoll gestaltete maurische Holzdecke im Durchgang werfen.

F6

Noch etwas weiter südlich liegt das Landgut **La Raixa**, dessen Gärten ebenfalls bereits von maurischen Gartenbaukünstlern angelegt wurden. Das zugehörige Landhaus mit der imposanten Treppe wurde von italienischen Meistern im neoklassizistischen Stil erbaut. Sehenswert ist auch der riesige Teich der Anlage. In Renovierung – aktuelle Infos sind bei der Touristeninformation in Sóller oder Palma zu erfragen.
Ctra Palma–Sóller, 07193 Bunyola.

D7

Fornalutx
Schon mehrmals ist der Weiler zum schönsten Dorf Spaniens gekürt worden. Die engen Gassen, steilen Treppchen und rustikalen Steinhäuser verleihen dem inmitten von Orangen- und Zitronenhainen gelegenen Ort eine zauberhafte Atmosphäre, ebenso wie die schlichte Pfarrkirche mit einer Rosenkranzkapelle im Rokoko-Stil. Der etwa einstündige Spaziergang von Sóller aus durch schattige Wäldchen, vorbei an restaurierten Landhäusern, lohnt sich unbedingt.

NORDÖSTLICHE TRAMUNTANA
Zwischen Fornalutx und Cap Formentor

Nordöstlich von Sóller gibt sich die Tramuntana unzugänglich. Die einzige Landstraße führt fernab von der Küste durch die höchsten Gebirgszüge der Insel, vorbei an mehreren Stauseen zum spirituellen Mittelpunkt Mallorcas, dem Kloster Lluc. Hier findet der Wanderer auch im Sommer noch Bergeinsamkeit; die durch bizarre Felsformationen führende Straße ist kaum befahren und bis auf wenige Ausnahmen gelangt man nur zu Fuß ans Meer. Bevölkerter gibt sich da der nördlichste Zipfel der Insel, Cap Formentor, ein ins Meer gesetztes Karstgebirge mit schroffen Abhängen und bizarren Felsformationen. 2011 wurde die Kulturlandschaft der Tramuntana in die Welterbeliste der UNESCO aufgenommen.

Sa Calobra/Torrent de Pareis

C8

Das Dörfchen Sa Calobra besteht nur aus wenigen Häusern und doch ist es vor allem aufgrund seiner spektakulären Lage und der nicht weniger aufregenden Wege,

Am Torrent de Pareis

über die man zur Ansiedlung gelangt, ein beliebtes Ausflugsziel. Die Masse der Besucher teilt sich in Schiffspassagiere (von Port de Sóller aus siehe S. 40) und Autofahrer. Erst seit 1923 existiert die Straßenverbindung an die Küste, die gleich hinter dem Stausee **Gorg Blau** beginnt. In immer abenteuerlicheren Kurven windet sie sich hinab zum Meer. Der italienische Baumeister, Antonio Paretti, konnte, so heißt es, zwei Dinge nicht leiden: die Erhabenheit der Berge zu verschandeln und schroffe Kurven. So brachte er auf vier Kilometern Luftlinie zwölf Kilometer Straße unter, mit einer verwirrenden Anzahl Kurven und dort, wo die Natur keinen anderen Ausweg ließ, der so beliebten Krawattenknotenkurve (**Nus de Sa Corbata**), die sich in einer eleganten Windung selbst durchstößt.

D8

Nicht weniger aufregend, doch tatsächlich nur geübten und gut ausgerüsteten Kletterern zu empfehlen, ist die Wanderung durch den **Torrent de Pareis**, der etwas oberhalb in **Escorca** beginnt, an einer der ältesten und kleinsten Kirchen Mallorcas, dem **Oratori de Sant Pere**. Der Weg durch den sich immer tiefer grabenden Canyon ist unglaublich eindrucksvoll und zählt zu den letzten noch unberührten Naturflecken der Insel. Doch Vorsicht! Die Natur hat ihre Tücken, weshalb niemand allein den Abstieg wagen sollte, der außerdem nur bei stabil sonnigem Wetter im Sommer unternommen werden kann.

C9

C9

Monestir de Lluc
Pl. dels Peregrins, 1, 07315 Escorca
✆ 971 87 15 25
Museum: tägl. außer Sa 10–14 Uhr, Eintritt € 4
Hier, wo im 13. Jh. von einem Hirtenjungen die schwarze Madonna gefunden wurde, liegt das spirituelle Zentrum der Insel. Kaum ein Mallorquiner, der nicht schon mal versucht hätte, zu Fuß nach Lluc zu pilgern, ob als Jugendlicher in der Nacht zum 9. September (Jugendwallfahrt) oder Anfang August von Palma aus (der sogenannte *Marxa des Güell a Lluc a peu* findet seit 1974 statt und startet gegen 23 Uhr vom 50 km entfernten Carrer Aragón in der Nähe der einstigen Bar Güell in Palma). Täglich werden zwei Messen gelesen, die jeweils mit dem gesungenen Salve des 500 Jahre alten Knabenchors *Coro Blavet* beginnen oder enden (11.15 und 19.30 Uhr).

Das Museum enthält archäologische Fundstücke, Malerei, Sakralkunst und Kunsthandwerk.

In der Klosterherberge kann man günstig übernachten. Beim Kloster befindet sich auch das Informationszentrum über den Naturpark Tramuntana.

Centre d'Informació
Paratge Natural de la Serra de Tramuntana
✆ 971 51 70 70, tägl. 9–16 Uhr

C8

Eine schmale Straße führt in die vor allem unter der Woche und außerhalb der Saison nur wenig fre-

Monestir de Lluc: mönchisches Leben in den Bergen

quentierte Bucht **Cala Tuent** mit mehreren schönen Aussichts- und Terrassenrestaurants.

Am zweiten Julisonntag findet an der Mündung des Canyons zum Meer das von Josep Coll Bardolet ins Leben gerufene Musikfestival Música Coral al Torrent de Pareis statt.

C8

5 Pollença

B11

Die heimliche Hauptstadt des Nordens gibt sich kunstliebend und weltoffen. Die Engländer waren die ersten, die das Städtchen als Feriendomizil entdeckt haben, doch schon bald folgten Reisende aus aller Herren Länder.

Am besten parkt man den Wagen außerhalb der Stadt, denn die Gassen sind eng und bieten kaum Parkmöglichkeiten. Vom Hauptplatz aus führen 365 Stufen auf den Kalvarienberg mit der kleinen Wallfahrtskapelle. Jeden Karfreitag wird die Kapelle zum Ausgangspunkt für eine der farbenprächtigsten Prozessionen Mallorcas, hinab in die von den Templern gegründete Pfarrkirche **Nostra Senyora dels Angels** mit Fresken des deutschen Malers Mosgraber und des Argentiniers Boveri.

Südlich der **Plaça Major** an einem kleinen Park liegt die Kirche **Nostra Senyora del Roser**, deren barocke Orgel ausschließlich zu besonderen Anlässen gespielt wird. Überhaupt hat man sich in dem Ort der Musik verschrieben. In dem der Kirche angegliederten Kreuzgang des ehemaligen Klosters Santo Domingo finden jeden Sommer Konzerte im Rahmen des *Festival Internacional de Musica de Pollença* statt. Im Seitenflügel des Kreuzgangs befindet sich das **Museu Municipal**, das neben Malereien örtlicher Künstler Reproduktionen von Gegenständen aus der nahen Nekropole von Serra de la Punta ausstellt. In der die beiden Kirchen verbindenden Fußgängerzone **Carrer d'Antonio Maura** steht das Geburtshaus des 1861 geborenen Musikers Miquel Capllonch i Rotger.

Rechts an der Pfarrkirche vorbei gelangt man durch den Carrer del Temple auf die kleine Plazuela de la Almoina mit dem berühmten Hahnenbrunnen, dem Wappentier der Stadt. An dieser Stelle soll einst der Heilige Vincent Ferrer den Armen Brot und Gottes Wort dargebracht haben. An das Plätzchen schließt sich eine der schönsten Gassen der Stadt an, der **Carrer Costa i Llobera** mit dem Geburtshaus des gleichnamigen Dichters in der Nummer 9/11.

Im Norden der Stadt liegt die gut erhaltene Römerbrücke **Pont Romá**. Nur wenige Meter dahinter zweigt eine Straße zum **Castell del Rei** ab, zu einer der drei Festungen des Königreichs Mallorca. Heute liegt das Schloss, von dem nur noch Ruinen vorhanden sind, auf dem Privatgelände der Bankiersfamilie March und wenige Kilometer nach der Abzweigung verhindert ein Schlagbaum die Weiterfahrt. Zu Fuß gelangt man nach einem 2,5 Kilometer langen Spaziergang durch reizvolle Landschaft zum Schloss. (Es ist aber ratsam, vorher die Erlaubnis bei der Touristeninformation in Pollença einzuholen.)

A11

B11

O.I.T.
C/Sant Domingo, 17, 07460 Pollença
✆ 971 53 50 77, www.ajpollenca.net

Museu de Pollença
C/Guillem Cifre de Colonya, s/n, 07460 Pollença
✆ 971 53 11 66, Juni–Sept. tägl. außer Mo 10.30–13 und 17.30–20.30 Uhr, im Winter nur vormittags, Fei geschl. Eintritt € 1,50

C11

Die Einsiedelei **Ermita del Puig de Maria** auf dem gleichnamigen 330 m hohen Berg im Süden der Stadt ist nicht nur der beliebteste Wallfahrtsort der Einheimischen, von dort bietet sich auch ein schöner Ausblick über die Stadt und den gegenüberliegenden Kalvarienberg.

Paddelspaß in Port de Pollença

Das nordöstlichste Kap der Insel: Cap de Formentor

Port de Pollença

B12

Mit dem Städtchen entdeckten die Engländer den dazugehörigen romantischen Hafen für sich, in dem Agatha Christie eine ihrer Geschichten spielen ließ. Obwohl Port de Pollença seit Ende des 19. Jahrhunderts beständig für den Tourismus ausgebaut wurde, konnte es den Charme eines Fischerdorfes bewahren.

Im Norden Pollenças liegt der Ferienort **Cala Sant Vincenç** an der sich aus vier Stränden zusammensetzenden gleichnamigen Bucht. Neben den Urlaubern nutzen immer noch Fischer den natürlichen Hafen für das Einholen ihres Fanges.

O.I.T.
– Passeig Saralegui, s/n, 07470 Port de Pollença
✆ 971 86 54 67
– Pl. Cala de Sant Vicenç, s/n, 07469 Cala de Sant Vicenç
✆ 971 53 32 64

La Llonja
Moll Vell s/n, 07470 Port de Pollença
✆ 971 86 84 30, www.restaurantlallonja.com
Das direkt an der alten Mole gelegene Restaurant bietet nicht nur einen schönen Blick direkt auf Bucht und Hafen, sondern auch vorzügliche Fischgerichte und Inselspezialitäten zu mittleren Preisen. €€

6 Ausflug zum Cap de Formentor

A14

Eine Traumstraße schlängelt sich von Port de Pollença ans nördlichste Kap der Insel, Cap de Formentor. Allerdings kommt es während der Saison auf der schmalen Straße mit nur wenigen Wendemöglichkeiten schon mal zu länger anhaltenden Staus, besonders wenn vormittags viele Reisebusse unterwegs sind. Ein Stopp an dem großzügigen Parkplatz des **Mirador de Mal Pas** und der Spaziergang zum Endpunkt bzw. für Bewegungsfreudige an den höher gelegenen ehemaligen Wachturm **Atalaya d'Albercutx** lohnt sich auf alle Fälle, denn nur selten geben die mallorquinischen Küstenstraßen solch spektakuläre Blicke auf die bizarre Karstküste preis.

A13

Nur wenige Kilometer weiter, an der **Cala Pi de la Posada**, liegt das Hotel Formentor, eine der berühmtesten Herbergen der Insel, in der schon zahlreiche Prominenz abgestiegen ist wie Winston Churchill, die Windsors, Charlie Chaplin, Peter Ustinov, Audrey Hepburn, natürlich der fast schon omnipräsente Michael Douglas und viele andere.

Am **Cap de Formentor** selbst wurden zwar trittsichere Treppen und Steige angelegt, doch der Blick auf das 300 m tiefer gelegene, tosende Meer lässt so manchem die Knie weich werden. Hinzu kommt, dass sich hier die berühmten Winde der Insel treffen: *Tramuntana*, *Ponent*, *Migjorn* und *Llevant* sowie ihre kleinen Brüder *Gregal*, *Mestral*, *Llebetx* und *Xaloc*.

DER SÜDEN
Familienparadiese zwischen S'Arenal und Porto Cristo

Wer den Rummel um S'Arenal scheut, auf feinsandige Strände und familienfreundliche Einrichtungen aber nicht verzichten will, wird sein Urlaubsdomizil an Mallorcas Südküste suchen. Im Landesinneren prägen die typischen Windmühlen die Landschaft, die heute noch für die Bewässerung des Feldbaus sorgen. An der Küste wechseln Sandbuchten mit in den Fels geschnittenen Fjorden; in den meisten Urlaubsorten ist das Angebot groß, aber nicht ganz so lärmend wie an den Stränden Palmas.

K9

Llucmajor

Der Ort mit geschichtsträchtiger Vergangenheit – hier endete am 25. Oktober 1349 Mallorcas Unabhängigkeit im Kampf Pedros von Aragón gegen den unterlegenen Jaume III. – lebte einst von der Schuhmacherei. Noch heute erinnert das der Zunft gewidmete Denkmal an der **Plaça de los Zapateros** an das Gewerbe, auch produzieren noch einige Fabriken die berühmten Lederwaren. Die meisten Einwohner der flächenmäßig größten Gemeinde leben inzwischen allerdings vom Tourismus, denn verwaltungstechnisch gehört auch S'Arenal noch dazu, ebenso wie die felsgerahmte **Cala Pi**, sicherlich eine der schönsten Buchten der Südküste, und die sich bis **Vallgornera** daran

M/N9

anschließenden Feriensiedlungen, deren Appartements, meist mit Swimmingpool ausgerüstet, den beschwerlichen Zugang an den Felsstrand kompensieren.

Der Paseo Jaume III, an dessen Ende ein Denkmal an den unglücklichen König erinnert, führt auf die hübsche **Plaça de Espanya** mit dem Standbild, das an die berühmteste Tochter der Stadt, die Dichterin Maria Antonia Salva (1865–1958), erinnert, und der dem hl. Michael geweihten Barockkirche. Im Inneren sollte man die Retabel des Hauptaltars beachten. Vor seiner Umbettung in die Kathedrale Palmas war Llucmajors Kirche die letzte Ruhestätte Jaumes III. Außerdem sehenswert sind die **Casa Consistorial**, das Rathaus aus dem Jahr 1882 und das historische **Café Colon**, ein Jugenstilcafé von 1928. In der Nähe des Platzes stößt man auf die modernisierte Fischhalle aus dem Jahr 1915 mit einigen hübschen Eisenverzierungen im Jugendstil.

Immer freitags belebt ein großer Gemüse- und Obstmarkt das Städtchen und lädt zu einem Bummel rund um die Plaça de Espanya ein.

O.I.T.
C/Trencadors/Terral, 23, 07600 S'Arenal
✆ 971 66 91 62, www.llucmajor.org

K7

Café Colon
Pl. de Espanya, 17, 07620 Llucmajor
✆ 971 66 00 02
Das inzwischen aufwändig renovierte Jugendstilcafé gehört zu den schönsten Kaffeehäusern der Insel.

Campos

L11

Der wichtigste Teil der Gemeinde Campos liegt an der Küste, denn hier findet man die größten unbebauten Strandstrecken der Insel: S´Arenal de Sa Ràpita und Es Trenc. Dennoch kann sich ein Besuch des einladenden

Im Frühjahr ist Mallorca ein Blütenmeer

N13

Santanyí

In den bereits von den Römern rechtwinklig angelegten Straßenzügen dominiert der Marés, jener helle, widerstandsfähige Sandstein, ohne den kaum ein Haus der Insel auskommt und der heute ausschließlich im Gebiet zwischen Santanyi und Campos abgebaut wird.

Inzwischen erinnert nur noch die *Porta Murada*, das befestigte Tor, an das früher die Stadt umgebende Bollwerk zum Schutz vor den zahllosen Piratenüberfällen. Die Bewohner des Städtchens verdienen heute ihren Lebensunterhalt mit dem Tourismus in den benachbarten Küstenorten, doch Santanyí selbst ist genauso beschaulich geblieben wie der ehemalige Hafen des Städtchens

N13/14

7 **Cala Figuera**, der zu den schönsten der Insel zählt. Die tief ins Küstengestein geschnittene, zweigeteilte Bucht ist komplett mit einer Holzmole gerahmt. Die malerischen Bootsgaragen wurden ebenso erhalten wie die ehemaligen Fischerhäuser und nur das ein bisschen groß geratene Hotel am Eingang der Bucht stört den pittoresken Charme des Örtchens.

N13/14

Cala I und **Cala II**
Virgen del Carmen, 56, 07659 Santanyí/Cala Figuera
✆ 971 64 50 18
Zwei Restaurants desselben Besitzers über dem Hafen mit herrlichem Blick und angenehmer Atmosphäre. €€

M14

Cala d'Or

Ein Hauch von Ibiza, so sagt man, wehe in Cala d'Or, einer in weißen Kuben gehaltenen Feriensiedlung. Benannt nach einem Fischerdorf der Nachbarinsel wurde der Stil konsequent beibehalten, wenn auch die seit den 1930er Jahren entstandene Siedlung den Retortencharakter nicht ganz verleugnen kann. Im Sommer herrscht hier Hochbetrieb. Das touristische Angebot ist hervorragend, aber die Schönheit der romantischen Buchten kann dann doch besser in der Nebensaison genossen werden.

Markttag in Santanyí

Blendendes Weiß: Feriensiedlung in Cala d'Or

Der mondäne Jachthafen von Cala d'Or lädt besonders abends zum Bummel oder einem Glas Rotwein beim sanften Licht der untergehenden Sonne ein. Seit Juni 2012 verkehrt eine solarbetriebene Touristenbahn am Strand von Cala d'Or.

O.I.T.
C/Perico Pomar, 10, 07660 Cala d'Or
✆ 971 65 74 63, www.ajsantanyi.net

Botavara
Av. Calallonga, 17, Puerto Marina, 07660 Cala d'Or
✆ 971 65 80 35, www.restaurantebotavara.es
Das im Hafen gelegene Restaurant hat sich auf Fisch und Meeresfrüchte spezialisiert. €€€

Sound House
C/Felanitx, s/n, 07660 Cala D'Or, ✆ 971 58 03 35
Die Disco in der Fußgängerzone lockt mit Musik der 1960er bis 90er Jahre auch ältere Semester.

Parc Natural und Cala Mondrago N14
Schroffe Felsen umgeben das türkisblaue Meer in der weiträumig durch einen Naturpark geschützten Bucht südwestlich von Cala d'Or. Einheimische und Touristen schätzen den Badeplatz gleichermaßen.

Cala Sa Nau M15
Welle um Welle wird das türkisfarbene Meer durch einen aus gelbem Fels geformten Kanal bis an den feinen Sandstrand der Bucht herangetrieben. Lange Zeit galt die ca. 50 m breite, über S'Horta erreichbare Bucht als Geheimtipp, heute gibt es Sonnenschirme und Liegestühle.

K13

Felanitx

Das Städtchen besitzt wenig Spektakuläres, strahlt aber den Zauber eines Platzes aus, wo man mit sich im Reinen ist. Der berühmteste Sohn der Stadt ist Miquel Barceló, weltweit gefeierter Maler und Bildhauer, obwohl einige behaupten, auch Christoph Kolumbus stamme aus der Stadt im Südwesten der Insel.

Felanitx ist umgeben von einer Reihe von Hügeln, deren exponierte Lage schon immer Siedler und Besucher anlockte. Der beschwerliche Aufstieg zum Kalvarienberg südöstlich des Zentrums wird mit einer hübschen Aussicht über die Stadt belohnt. Über die Ma 14 Richtung Süden fahrend, erreicht man nach ca. zwei Kilometern die Abzweigung zum **Castell de Santuari**, dessen Ruine fest mit dem sie tragenden Felsen verwachsen scheint. Spektakulär ist der Blick auf die hügelige Gartenlandschaft der Serranía.

L14

Ein Pilgerweg von Felanitx Richtung Südosten führt zum **Santuari de Sant Salvador**, einem Kloster, das von Wallfahrern und Touristen gleichermaßen wegen seiner Kunstschätze und der schönen Aussicht geschätzt wird. In der Karwoche wird Felanitx zum Schauplatz der bekanntesten Passionsspiele der Insel. Auf der zur Pfarrkirche führenden Freitreppe findet das ergreifende Schauspiel der Kreuzigung Christi und seiner zwei Mitgefangenen statt.

L15

Portocolom

Das Hafenstädtchen konnte seinen ursprünglichen Zauber bewahren, denn der Ort besitzt nur einen schmalen Strand in einer fast geschlossenen Bucht. Beliebt sind die Restaurants an der Uferpromenade, die im Anschluss an die Mahlzeit zu einem Spaziergang einlädt.

Sa Llotja
C/Pescadores, s/n, Portocolom
✆ 971 82 51 65, www.restaurantsallotjaportocolom.com
Restaurant im Hafengebäude mit schöner Terrasse und Blick über den Hafen. €€–€€€

Der Hafen des Kolumbus – Portocolom

Mohnfeld bei Porto Cristo

Cales de Mallorca

K15

Etwa 20 kleine, über einen Fußweg miteinander verbundene Buchten bilden die Cales de Mallorca. Ein paar ältere und jede Menge neue Hotelbauten prägen das Bild des Ortes, der für den Tourismus gewachsen ist. Ein Einkaufszentrum und die inmitten üppiger Vegetation gelegene Bananenplantage **Jumaica la Bananera** mit Tropic-Bar und Restaurant runden das Angebot ab. Den Exotic Park gibt es nicht mehr.

Porto Cristo

J16

Der Name des Fischerdorfs ist jünger als der Ort selbst. 1260 tauchten ein rätselhaftes Kruzifix, eine Madonna mit Kind und eine Glocke im Hafen auf, zum Dank für die glückliche Einfahrt eines Schiffes in die s-förmige Bucht. Man wollte die Schätze nach Palma bringen, doch die Tragetiere verweigerten in Manacor ihren Dienst, so dass die kostbare Fracht noch heute in der Pfarrkirche Nostra Senyora dels Dolor zu besichtigen ist. Das wunderbare Kreuz verlieh dem ehemaligen Porto de Manacor einen neuen Namen. Heute prägt zwar auch hier der Tourismus das Ortsbild, doch hat sich der Charme der touristischen Gründerjahre erhalten. An der Hafenmole erinnert ein Denkmal an die blutigste Auseinandersetzung auf der Insel während des Spanischen Bürgerkriegs.

O.I.T.
Moll s/n, 07680 Porto Cristo
✆ 971 84 91 26, www.visitmanacor.com

Acuario de Mallorca
C/Gambí, 7, 07680 Porto Cristo
✆ 971 82 09 71, Di–Sa 20–22.30, Sa/So 13–15.30 Uhr
Die 115 Becken widmen sich exotischen Fischarten ebenso wie der einheimischen Flora und Fauna.

Weihevolle Inszenierung in den Coves del Drac

Ausflugsziele:

J16

Coves del Drac/Drachenhöhle
Auf der Ma 4014 von Porto Cristo Richtung Süden
✆ 971 82 07 53, www.cuevasdeldrach.com
Führungen April–Okt. 10–12 und 14–17 stündlich, Nov.–März 10.45, 12, 14, 15.30 Uhr
Eintritt € 12
Die Drachenhöhle ist die größte und spektakulärste unter Mallorcas zahlreichen Höhlen. Die musikalische Inszenierung auf dem See im Höhleninneren neigt etwas zum Pathos, dennoch kann man sich dem Zauber der bizarren Stalagmiten und Stalaktiten kaum entziehen.

J16

Coves dels Hams
Ctra. Manacor–Porto Cristo, s/n, 07680 Porto Cristo
✆ 971 82 09 88, www.cuevas-hams.com
Tägl. 10–17 Uhr, Eintritt € 19/9,50 (mit Filmvorführung), Kinder bis 12 Jahre frei
Die westlich von Porto Cristo gelegenen **Coves del Hams** stehen der Drachenhöhle kaum nach. Das Innere wird in allen Regenbogenfarben beleuchtet und stündlich gibt ein Stehgeiger auf einem über den See in der Höhle gezogenen Kahn ein Ständchen.

DER OSTEN

Gegensätzliches bietet der Osten der Insel: Die Halbinsel um Artà hält im Landesinneren viele Überraschungen bereit, und an der Küste überwiegen die noch ursprünglich erhaltenen Fischerdörfer. Der Naturpark der nördlichen Península de Llevant schützt die für die Balearen so typische *garriga*, das mediterrane Buschland. Daran schließt sich die weit gestreckte **Bucht von Alcúdia** an, die sich für viele Familien zu einem Urlaubsparadies und mehr als adäquaten Ersatz für die oft lauten und überfüllten Strände Palmas entwickelt hat.

Son Servera

G16

Das Überraschendste in der 8000-Seelen-Gemeinde ist wohl die Bauruine der 1906 begonnenen neugotischen Kathedrale – schon für die Seitenschiffe reichte das Geld nicht mehr. Die Bewohner der im ländlichen Idyll zwischen Feigen- und Mandelbäumen gelegenen Ortschaft leben heute fast ausschließlich vom Tourismus in den nahe gelegenen Badezentren **Sa Coma**, **Cala Millor** und **Cala Bona**. In mehreren Reihen wurden hier Hotelkomplexe hochgezogen, denn der feinsandige Strand lockt das ganze Jahr über vor allem Skandinavier, Engländer und Deutsche an.

G/H17

O.I.T.
– Passeig Marítim, 07560 Cala Millor, ✆ 971 58 58 64
– Av. des Moll, 07559 Cala Bona, ✆ 971 81 39 12

G17

Vergleichsweise ruhig ist es an der **Costa des Pins** im Norden der Bucht von Artà, einem mit Kiefern bewaldeten Strandstück, ebenso wie an der sich anschließenden **Platja de Canyamel** (nur über die Hauptstraße erreichbar). An der Ma 4042 befindet sich mit dem **Torre de Canyamel** einer der eindrucksvollsten Wehrtürme Mallorcas (Di–Sa 10–14 und 15.30–19, So 10–14.30 Uhr, Eintritt € 4/Kinder bis 12 Jahre gratis).

Es Molí den Bou
C/Liles s/n, 07560 Sa Coma
✆ 971 56 96 63, www.esmolidenbou.es, Mo Ruhetag
Tomeu Caldentey aus Sant Llorenç des Cardassar errang als erster Mallorquiner einen Michelinstern. Sein Restaurant Es Moli den Bou liegt inzwischen im Hotel Protur Sa Coma Playa und nur noch der Name erinnert an die alte Mühle, wo er seine Karriere begann. Immer noch stimmig sind das Ambiente und die ausgezeichnete Küche. €€€

Porxada de Sa Torre
Fca. Torre Canyamel, km 5, 07580 Capdepera
✆ 971 84 13 10, www.porxadadesatorre.es, Mo geschl.
Neben dem Torre de Canyamel (ca. 3 km vor dem Badeort Canyamel) befindet sich in einer alten Ölmühle ein freundliches Familienrestaurant mit mallorquinischer Küche. €

8 Artà

F16

Das mittelalterliche Städtchen mit seinen verwinkelten Gässchen thront auf einer 120 Meter hohen Anhöhe über einem fruchtbaren Tal. Oberhalb der zentralen Plaça erhebt sich die auf acht wuchtigen Stützpfeilern ruhende Pfarrkirche **Transfiguració del Senyor**. Bemerkenswert im Inneren sind die Holzkanzel und das Altarretabel »Verklä-

Café Parisien in Artà

Landpartie à la mallorquina

H9

Can Mateu
Ctra. de Manacor, km 21,7, 07210 Algaida
✆ 971 66 50 36
www.can-mateu.com, Di Ruhetag
Ein traditionsreiches Haus mit mallorquinischer Küche, das vor allem bei Einheimischen beliebt ist. €€

Ausflugsziel:

J10

In dem hübschen, noch ursprünglichen Dorf **Randa** beginnt der Weg zu dem gleichnamigen Berg mit seinen drei Klöstern. Die kurvenreiche Strecke ist nicht nur bei Radfahrern beliebt, verheißen ihre Kehren und Plateaus doch immer wieder schöne Aussichten auf die Bucht von Palma und die fruchtbare Umgebung. Die Einfahrt zum **Oratorio de Nuestra Senyora de Gràcia** aus dem 15. Jh. liegt in einer engen Kurve. Die Klosteranlage steht spektakulär im Schatten einer überhängenden Felswand mit wunderschönem Blick über das Tal. Vergessen Sie nicht einen Besuch der Kirche mit der verehrten Jungfrau!

Noch einen Kilometer weiter bergauf gelangt man an ein kleines Kirchlein aus dem 14. Jh., das **Santuari de Sant Honorat**. Die Chornischen rechts und links des Heiligen beherbergen Skulpturen des Rittermönches Armau Desbrull und des mittelalterlichen Gelehrten Ramón Llull. Der Panoramablick von der Terrasse des Heiligtums reicht bis Palma und zur Insel Cabrera. Höhepunkt der kleinen Klostertour ist ein Besuch des **Santuari Nuestra Senyora de Cura de Randa**, ein beschaulich ruhiger Ort und nach Lluc zweitwichtigster Wallfahrtsort der Insel. Hier verbrachte Ramón Llull zehn Jahre seines Lebens, zuerst als Einsiedler, später im Kloster. Ein kleines Museum erinnert an die Lehrtätigkeit des Meisters in der angegliederten Schreibschule (tägl. 10.30–13.30 und 14.30–18.30 Uhr, Eintritt gegen eine Spende). Im Kloster kann man auch übernachten und auf der Terrasse der Bar eine Tasse Kaffee genießen.

Es Recò de Randa
Calle Fuente, 21, 07629 Randa
✆ 971 66 09 97, www.esrecoderanda.com
Das Landhotel und -restaurant ist auch bei Tagesausflüglern als kulinarischer Geheimtipp beliebt. Es gibt mallorquinische Spezialitäten in beschaulichem Ambiente. €

Porreres

J/K11

Das Städtchen **Porreres** mit seinem hübschen Kirchplatz birgt in seiner Pfarrkirche **Nuestra Senyora de la Consolació** aus dem 17. Jahrhundert neben einer Reihe kostbarer Altäre mit dem silbernen Prozessionskreuz aus dem 14. Jahrhundert einen der wertvollsten gotischen Schätze der Insel. Ein Besuch lässt sich dienstags gut mit einem Einkauf auf dem Markt und einer Besichtigung des Museums für zeitgenössische Kunst verbinden. Mit ein wenig Zeit lohnt sich das etwas südlich gelegenen **Santuari de Montisión**, das im 16. und 17. Jahrhundert eine Grammatikschule beherbergte. Heute locken der schöne Rundblick, der harmonische Kreuzgang und die Kreuzwegstationen aus dem 15. Jahrhundert entlang der Straße auf dem Weg zur Wallfahrtsstätte.

K11

Museu i Fons artístic de Porreres
C/Augusti Font, s/n, 07260 Porreres
✆ 971 16 66 17, Di–Sa 11–13, So 19–20, im Sommer bis 21 Uhr und nach Vereinbarung, Eintritt frei

Manacor

H/J14

H/J 10/11

Das Zentrum der Herstellung von Kunstperlen kündigt sich schon von Weitem an. Bereits in **Montuïri** mit seinem beschaulichen Ortskern laden die Fabriken zur Besichtigung, freilich ohne ihr Geheimrezept des Perlenmachens preiszugeben. Manacor selbst lockt als zweitgrößte Stadt der Insel mit einer hübsch gestalteten Fußgängerzone im historischen Zentrum der Stadt, in der neben den Perlen weiteres Kunsthandwerk als Souvenir und Mitbringsel angeboten wird.

Bei einem Bummel durch die Stadt sollte man auch die zwei Türme Manacors besuchen: den restaurierten Wehrturm **Torre de ses Puntes** (Pl. Gabriel Guster, s/n) aus dem 14. Jahrhundert, der heute als Kulturzentrum genutzt wird, und den **Torre dels Enagistes**, dessen zur Verteidigung erbaute dicke Mauern inzwischen ein Museum beherbergen. Ebenfalls sehenswert ist die auf dem Fundament einer

Mallorquinischer Exporthit: Kunstperlen aus Manacor

Moschee errichtete Pfarrkirche der Stadt, die **Nuestra Senyora dels Dolors** (Pl. Rector Rubi, s/n, Mo–Sa 10–12 Uhr) mit ihren spektakulären Glasfenstern. In der bekanntesten Perlenfabrik der Stadt (Perlas Majórica) kann man den Herstellungsprozess beobachten (bis 15 Uhr).

H14

O.I.T.
Pl. Ramon Llull, s/n, 07500 Manacor
✆ 971 84 91 26, www.visitmanacor.com

J14

Torre dels Enagistes/Museu d'Historia de Manacor
Ctra. Manacor–Cales de Mallorca, km 1,5
07500 Manacor
✆ 971 84 30 65, im Sommer Mo, Mi–Sa 9.30–14.30 und 18–20.30, im Winter Mo, Mi–Sa 10–14 und 17–19.30, So 10.30–13 Uhr, Eintritt frei
In der Verteidigungsanlage aus dem 14. Jh. erzählen archäologische und ethnographische Funde von der wechselhaften Inselgeschichte.

J15

Perlas Majórica
Ctra. Palma–Arta, km 47, 07500 Manacor
✆ 932 70 36 60, www.majorica.com
Mo–Fr 9–19, Sa/So 9.30–13 Uhr

Denkmal für den Gründer von Los Angeles, Junípero Serra, in Petra

Petra

Das aus braunem Bruchstein gebaute Städtchen wirkt ein wenig verschlafen, doch tut das dem mittelalterlichen Charme der verwinkelten Gässchen keinen Abbruch. Das historische Gedächtnis der Stadt ist ganz ihrem berühmtesten Sohn geweiht. Fray Junípero Serra brach 1749 in die neue Welt auf und gründete u. a. sechs Missionsstationen im Gebiet des heutigen San Francisco, die als der Ursprung der amerikanischen Stadt am Pazifik gelten.

Neben seinem Geburtshaus und dem Denkmal auf der Plaça Padre Serra erinnert ein kleines Museum an den frommen Franziskanerbruder. Sehenswert sind außerdem Sant Bernat, ein Kloster aus dem 17. Jahrhundert, von dem nur Kirche und Sakristei erhalten sind, und die gotische Pfarrkirche Sant Pere, deren Bau fast 200 Jahre in Anspruch nahm.

Museu Fray Junípe Serra
C/Barrancar, 6–10, 07520 Petra
✆ 971 56 11 49, Eintritt frei, Spenden erwünscht
Vorher anmelden oder vor Ort nach dem Schlüssel fragen.

G/H 12/13

Sineu

G11

Das Städtchen im geografischen Mittelpunkt der Insel kann auf eine lange Geschichte zurückblicken. Wahrscheinlich schon während der Talayot-Kultur besiedelt, ist ihr ununterbrochenes Bestehen seit der Römerzeit verbürgt. Während der arabischen Herrschaft bildete Sineu eines von sechs politisch-wirtschaftlichen Zentren und nach der christlichen Eroberung wurde es von Jaume II. zum Verwaltungszentrum des Königreichs ausgebaut.

Der den Marktplatz bewachende geflügelte Löwe – eine Reminiszenz an den Patron der Gemeinde, den hl. Markus – steht am Fuß der großen Freitreppe, die zur Pfarrkirche **Nuestra Senyora de los Angeles** hinaufführt. Das 1998 zuletzt restaurierte Gotteshaus stammt aus dem 16. Jahrhundert (der Vorgängerbau aus dem 13. Jahrhundert fiel einem Brand zum Opfer) und ist wegen seiner reichhaltigen Ausstattung bekannt. Einen Besuch lohnen die zahlreichen Seitenkapellen mit verschiedenen Mariendarstellungen, wie die von Engeln beschirmte *Virgen muerta* (tote Jungfrau) oder die mit einem herrlichen Retabel von Rafael Guitard geschmückte Rosenkranzkapelle *(Mare de Deu de Roser)*.

In dem von Jaume II. auf den Ruinen einer maurischen Burg (Alcázar) errichteten Palast, dem heutigen **Convento de las Monjas**, ist seit 1583 der Orden der Konzeptionistinnen untergebracht. Sehenswert ist in der Klosterkapelle das barocke Retabel der hl. Theresa. In der **Casa Consistorial** ist nach wechselvoller Geschichte inzwischen das Rathaus untergebracht. Im Archiv wird die Barcella aufbewahrt, ein offizielles Getreidemaß aus dem 14. Jahrhundert mit feinen Ziselierungen und Darstellungen alter Wappen von Sineu und Mallorca.

O.I.T.
C/de Sant Francesc, 10, 07510 Sineu, ✆ 971 52 00 27

Centre d'Art S'Estacio
C/S'Estació, 2, 07510 Sineu
✆ 971 52 07 50, www.sineuestacio.com
Mo–Fr 9.30–14 und 16–19, Sa 10–13 Uhr
Ein kleines, aber feines Kulturzentrum im inzwischen erneut in Betrieb genommenen Bahnhof zeigt wechselnde Ausstellungen spanischer und mallorquinischer Kunst.

Die meisten werden ihren Besuch in Sineu auf den Mittwochvormittag legen, wenn der Wochenmarkt landwirtschaftliche Erzeugnisse der Region feilbietet und der angeschlossene Viehmarkt den

Bauern aus der Umgebung die Gelegenheit bietet, Tiere zu erstehen oder zu verkaufen, defektes Gerät bei den örtlichen Handwerksmeistern reparieren zu lassen oder sich einfach mal wieder auf ein Pläuschchen zu treffen.

G11

Celler Can Font
Sa Plaça,18, 07510 Sineu, ✆ 971 52 02 95
Das berühmteste der zahlreichen Celler genannten Speiselokale besticht durch seine rustikale Ausstattung ebenso wie durch die einfache, aber schmackhafte Küche. €€

Ausflugsziel:

H8

Fundació Natura Parc
Ctra. de Sineu, km 15,4, 07142 Santa Eugènia
✆ 971 14 45 32, www.fundacionaturaparc.org
Tägl. im Sommer 10–19, im Winter 10–18 Uhr, Eintritt € 7/4,50
Die Stiftung hat sich der Bewahrung der wild lebenden Tierwelt der Insel verschrieben und dem Naturkundeunterricht für Schüler. Auf 30 000 m^2 leben ca. 20 000 Tiere.

E12
F12

Muro

Über die beiden hübschen und ruhig gebliebenen Ortschaften **Maria de la Salut** und **Santa Margalida** (beachtenswert ist hier besonders die barocke Pfarrkirche) erreicht man, durch die fruchtbarste Gegend Mallorcas reisend, die Gemeinde **Muro**, gleichmäßig erbaut aus dem typischen dunklen Maréstein mit der über ihr wachenden, mächtigen Pfarrkirche **Sant Joan Baptista** aus dem 16. Jahrhundert. Bemerkenswert ist vor allem das in einem ehemaligen Herrenhaus eingerichtete ethnologische Museum, eine Abteilung des Museu de Mallorca. Das Museum widmet sich ganz dem Alltagsleben der Mallorquiner und der Musik und Kunst des Volkes.

E12

Museu Etnològic
C/Major, 5, 07440 Muro
✆ 971 86 06 47, Mi–Fr 10–15, Do auch 17–20, Sa 10–14 Uhr, Aug. geschl., Eintritt € 2,40

E/F 9/10

⑩ Inca

Die Stadt lockt trotz ihrer eher funktionalen Architektur, die den Ansprüchen eines Industriestandortes entspricht, zahlreiche Besucher an, da sich hier viele Outlet-Stores und Fabrikverkäufe angesiedelt haben. Von heimischen Schuh- und Lederwaren bis zum Tchibo-Billigangebot für deutsche Touristen, die auf vertraute Produkte nicht verzichten wollen, gibt es hier alles zu wahrhaft paradiesischen Preisen. An der Ausfallstraße Richtung Palma finden sich Camper, Farrutx, Tchibo, Ballco…

An sakraler Kunst und Architektur Interessierte sollten dem Kloster Sant Bartomeu mit seinem einschiffigen Kirchenbau, dem Hauptaltar von Joan Deià Balle und einem kleinen angegliederten Museum ebenso einen Besuch abstatten wie dem Kloster Santo Domingo mit dem streng quadratischen Kreuzgang.

Alaró

F8

In dem Dorf wurden die gewundenen Gassen dem Saum der Tramuntana angepasst, die rundum terrassierten Hänge erinnern an die Ackerbaumethoden der Araber und trotz der Ansiedlung einiger deutscher Dauergäste hat der Ort den Charme eines typischen Dorfs im mallorquinischen Hinterland bewahrt. Die Pfarrkirche Sant Bartomeu stammt aus dem 13. Jahrhundert, wurde aber 500 Jahre später vollkommen neu gestaltet. Im Inneren ist der Taufstein von 1655 sehenswert, ebenso wie die Kanzel, von der der berühmte Heilige Vincenç Ferrer im 15. Jahrhundert predigte.

Finca Es Verger
Auf dem Weg zum Castell d'Alaró, ✆ 971 18 21 26
Kein Geheimtipp mehr ist der Lammbraten in dem rustikalen Restaurant, das nur über einen Feldweg erreichbar ist (nichts für schwache Nerven). Nach dem Essen sollte man, zumindest wenn man nicht der Fahrer ist, unbedingt den Rum-Sahne-Kaffee probieren. Am besten vorher reservieren! €€

E8

Ein etwa 40-minütiger Wanderweg ab dem Parkplatz des Restaurants führt zu den Ruinen des **Castell d'Alaró**. Von dort bietet sich ein gigantischer Ausblick bis in die Bucht von Palma, zum Puig de Galatzó und dem Plateau von Randa. Kein Wunder, dass der Platz seit den Römern immer wieder zur Überwachung der Täler diente. ■

Sineu mit seiner imposanten Pfarrkirche

Mallorca in Zahlen und Fakten

Einwohner: 873 400 (2011), davon 21,5 % Ausländer (darunter etwa 22 000 Deutsche)
Hauptstadt: Palma de Mallorca, 405 300 Einwohner (2011)
Fläche: 3620 km^2, davon 34,38 km^2 Naturparks und Schutzgebiete (2009), 8705 km^2 Meeresfläche, in der gesamten Fläche Nationalpark
Küstenlänge: 623 km
Wirtschaft: Die Balearen liegen im Ranking des Pro-Kopf-Einkommens der spanischen Wirtschaft an sechster Stelle mit – im Vergleich zu den Ländern der Europäischen Union – überdurchschnittlicher Kaufkraftparität. Über 80 % werden im Dienstleistungssektor verdient, 10 % im Bauwesen und der Rest mit Industrieproduktion, Energie, Rohstoffen und Landwirtschaft.

Die **Wirtschaftskrise** mit den weltweiten Einbrüchen auf dem Immobilienmarkt ist auch an Mallorca nicht spurlos vorbeigegangen, ebensowenig wie die andauernde Eurokrise, die auch Spanien in Mitleidenschaft zieht – mit bis dato noch unabsehbaren Folgen. Wichtigste Handelspartner sind die USA, gefolgt von den Caiman-Inseln, Frankreich, Italien und Deutschland.

Je nach Saison arbeiten zwischen 20 % und 30 % der Bevölkerung Mallorcas im **Tourismus**. Fast 20 % aller Feriengäste in Spanien wählen die Balearen als ihr Ziel. Etwa 38 % der Urlauber sind Deutsche, gefolgt von den Briten mit gut 28 % (2009). Nach Einbrüchen im Jahr 2008 stiegen die Übernachtungszahlen bis 2011 wieder auf fast 42 Mio. Übernachtungen und über 10 Mio. Urlauber an; so hofft man, sich über einen weiteren Ausbau des Tourismussektors aus der Krise zu retten. Über 700 000 PKWs verkehren auf mallorquinischen Straßen, 2011 wurden am Flughafen von Palma 22,7 Mio. Fluggästen gezählt.

Anreise

Bürger aus EU-Ländern und der Schweiz benötigen für die Einreise nach Mallorca einen gültigen Reisepass oder Personalausweis, das gilt auch für Kinder, die seit Ende Juni 2012 einen eigenen Reisepass oder Personalausweis benötigen. Eintragungen im Pass der Eltern oder Kinderausweise sind nicht mehr gültig. EU-Bürger dürfen die »Europa-Pforte« benutzen – ohne Passkontrolle.

Hunde und Katzen müssen gegen Tollwut geimpft sein und die Tierhalter einen **EU-Heimtierausweis** am Check-in-Schalter vorlegen. Auch ist ein unter der Haut implantierter Mikrochip vorgeschrieben. Erkundigen Sie sich im Voraus bei einem Tierarzt!

Anreise mit dem Flugzeug

»Nur knapp 2,5 Stunden von fast allen großen europäischen Flughäfen entfernt«, wirbt Mallorca. Von den meisten mitteleuropäischen Flughäfen bestehen direkte Charterflug- und auch einige Linienverbindungen nach **Palma.** Angebote – z. B. den Super-Flieg-und-Spar-Tarif – bekommt man schon für ca. € 200, in der Nebensaison sogar noch günstiger. Auch zahlreiche Billigflieger landen in Palma.

Die Wartezeiten auf das Gepäck sind meist erfreulich kurz. Wer aus einem EU-Mitgliedsland einreist und keine zollpflichtigen Waren einführt, kann dann den Zoll passieren. Am Flughafen und an Haltestellen sollte man das Gepäck besonders im Auge behalten. Für das EU-Handgepäck gelten seit 2006 verschärfte Sicherheitsregeln: Es dürfen nur Flüssigkeiten von jeweils 100 ml, die wiederum in einem durchsichtigen Plastikbeutel verstaut sind, bzw. insgesamt maximal ein Liter Flüssigkeit mit an Bord genommen werden. Nagelscheren, Taschenmesser und andere spitze Gegenstände sind im Handgepäck nicht mehr erlaubt.

Anreise mit dem Auto

Autofähren nach Palma verkehren ab Barcelona, Valencia und Denia (vgl. Anreise mit dem Schiff). Für die Fahrt dorthin durch Frankreich und Spanien sind außer dem Führerschein und den Fahrzeugpapieren des PKW keine weiteren Dokumente nötig. Die grüne Versicherungskarte sollte dennoch nicht fehlen, für Schweizer ist sie Pflicht. Autobahnen sind in Frankreich und Spanien gebührenpflichtig. Alternativ bietet sich die Fahrt mit dem Autoreisezug an, mit dem man bis Südfrankreich (Narbonne oder Avignon) kommt. Auskünfte über Autoreisezugverbindungen erteilen alle Reisebüros. In den letzten Jahren bemüht sich die mallorquinische Polizei verstärkt, ausländische Residenten zur Ummeldung ihres Autos zu bewegen. Für den Touristen mit eigenem PKW empfiehlt es sich daher, als Nachweis die Fährtickets (oder Kopien davon) im Auto mitzuführen.

Anreise mit der Bahn

Mehrmals täglich gibt es Bahnverbindungen von Deutschland nach Barcelona (Umsteigen an der französisch-spanischen Grenze in Port Bou). Reisemöglichkeiten ohne Umsteigen bestehen mit dem komfortablen »Talgo« ab Zürich, Paris oder Mailand. Die Preise für Hin- und Rückfahrt sind hoch, über etwaige Sondertarife informieren die Reisebüros. Die Bahnfahrt endet in Barcelona am Hauptbahnhof Barcelona Sants. Von dort kann man mit der Metro (grüne Linie) bis zum Hafen (U-Bahn-Station Drassanes) bzw. Flughafen fahren. Ohne Auto ist es außerhalb der Hochsaison normalerweise kein Problem, ein Fährticket zu bekommen.

Anreise mit dem Schiff

Die Autofähren der spanischen Fährgesellschaften Acciona Mediterránea und iscomar verbinden Barcelona und Mallorca (Palma) im Sommer mehrmals täglich. Die Überfahrt dauert 7–8 Std. und

Die schönste und stimmungsvollste Bucht der Südküste: Cala Figuera

kostet hin und zurück für einen Erwachsenen mit PKW ab € 350. Außerdem existieren etwas kürzere Fährverbindungen von Barcelona nach Alcúdia und von Denia, Alicante und Valencia auf dem spanischen Festland nach Palma.

Besonders in den Sommermonaten und in der Osterwoche ist eine Reservierung dringend zu empfehlen. Buchungen in jedem Reisebüro, bei Acciona Mediterránea (✆ 902 45 46 45, www.trasmediterranea.es), iscomar (✆ 902 11 91 28), vom Ausland ✆ +34 971 43 75 00, www.iscomar.com) oder zentral für den deutschen Markt ohne Aufpreis bei www.ferrylines.com.

Auskunft

Spanische Fremdenverkehrsämter

In Deutschland:
Spezielle Anfragen richtet man an folgende Fremdenverkehrsämter:
– Lietzenburger Str. 99, D-10707 Berlin
✆ (030) 882 65 43, Fax (030) 882 66 61
berlin@tourspain.de
– Grafenberger Allee 100, D-40237 Düsseldorf
✆ (0211) 680 39 81, Fax (0211) 680 39 85
duesseldorf@tourspain.de
– Myliusstr. 14, D-60323 Frankfurt/Main
✆ (069) 72 50 38, Fax (069) 72 53 13, frankfurt@tourspain.de
– Postfach 15 19 40, D-80051 München
✆ (089) 530 74 60, Fax (089) 53 07 46 20
muenchen@tourspain.de

In Österreich:
Walfischgasse 8, A-1010 Wien
✆ (01) 512 95 80, Fax (01) 512 95 81

In der Schweiz:
Seefeldstr. 19, CH-8008 Zürich
✆ (044) 253 60 50, Fax (044) 252 62 04

Auf Mallorca:
aH8 **Oficina de Información Turística de Mallorca**
Plaça de la Reina 2, 07012 Palma
✆ 971 17 39 90, Fax 971 17 39 94, www.imtur.palmademallorca.es

Eine ingenieurtechnische Meisterleistung: die Straße nach Sa Calobra

J7

Federación Empresarial Hotelera de Mallorca
C/Aragón 215
07008 Palma
✆ 971 70 60 07
Fax 971 47 09 71
www.visitmallorca.com
Auskunftsstand in der Empfangshalle des Flughafens.

Informationen im Internet:
- www.mallorca-blog.de
- www.mallorcaonline.com
- www.mallorca.de
- www.mallorca-info.de
- www.mallorcaweb.com
- www.tourspain.es
- www.inselradio.com
- www.mallorcazeitung.es

Automiete, Autofahren

Rund 65 000 Mietwagen kurven auf Mallorcas Straßen, doch so genau weiß das niemand, denn die Konkurrenz ist groß und folglich gibt es auch zahlreiche unseriöse Angebote. Im Juli/Aug. können die Leihfahrzeuge schon mal knapp werden, auch weil die Inselregierung seit 2006 versucht, dem Wildwuchs durch eine neue Steuer Einhalt zu gebieten. Auf den Inseln gelten bei fast allen Vermietern Inklusivpreise (unbegrenzte Kilometerzahl, Vollkaskoversicherung). Zahlt man mit Kreditkarte, wird keine Kaution verlangt. Der Führerschein reicht aus, um einen Wagen auf Mallorca zu mieten, vorausgesetzt man ist 21 Jahre alt und hat zwei Jahre Fahrpraxis. Etwa € 45 kostet ein Kleinwagen pro Tag. Wer im Voraus bucht, bezahlt für 7 Tage ca. € 200. Preisvergleiche lohnen!

Wenn nicht anders ausgeschildert, gelten die folgenden Höchstgeschwindigkeiten: in Ortschaften maximal 50 km/h, auf Landstraßen 90 km/h bzw. 100 km/h, wenn ein beidseitiger Randstreifen von mindestens 1,5 m oder mehrere Spuren in einer Richtung vorhanden sind. Auf den wenigen Kilometern Autobahn gilt eine Geschwindigkeitsbeschränkung von 120 km/h. Da die Inselregierung gelegentlich mit Sonderregelungen auf Treibstoffverknappung und Preisanstieg reagiert, sollte man sich bereits vor der Reise informieren und lokale Hinweise beachten.

Freitag: Algaida, Binissalem, Can Picafort, Inca, Llucmajor (gemischter Markt), Maria de la Salut, Son Servera, Palma (Plaça Major, La Vileta)
Samstag: Alaró (Kunsthandwerk), Búger, Bunyola, Campos (Trödelmarkt), Cala Ratjada, Costitx, Lloseta, Llucmajor, Santa Eugènia, Santa Margalida, Santanyí, Sóller, Palma (Trödel: Avingudes, Pere Garau, Santa Catalina, Son Ferriol, Kunsthandwerk: Plaça Major)
Sonntag: Alcúdia, Consell (Flohmarkt), Binissalem (Kunst), Felanitx, Inca, Muro, Sa Pobla, Pollença, Portocristo, Santa Maria, Valldemossa

Essen und Trinken

Mallorcas Restaurantkultur hat sich in den letzten Jahren entscheidend verbessert, sodass man heute ein breites Angebot findet – von internationaler Küche über spanisch-mallorquinische Spezialitäten bis zur Haute Cuisine.

Das Frühstück fällt wie im übrigen Spanien eher karg aus. Meist genügt ein Milchkaffee mit einem Croissant oder der typischen *Ensaimadas* (Saïm = Schmalz), einer köstlichen, in Schmalz gebackenen Hefeschnecke. Die Wartezeit bis zum Mittagessen wird oft mit einem kleinen Imbiss am späten Vormittag verkürzt, mit Tapas, Tortillas oder kleinen Sandwiches.

In den meisten Hochburgen des Tourismus hat man sich an den Rhythmus der Mitteleuropäer gewöhnt und bietet Mittag- und Abendessen ab 12 Uhr bzw. 19 Uhr an, wenn nicht ohnehin den ganzen Tag über. Mittags offerieren viele Restaurants ein günstiges dreigängiges Tagesmenü *(menu del día)* mit eingeschränkter Wahlmöglichkeit und von Wein und Wasser begleitet zu einem Preis meist unter € 20. Das *menu de degustació* ist meist hochpreisiger, bietet dafür aber eine vom Chefkoch zusammengestellte Speisenfolge der Spezialitäten des Hauses.

Kaffee wird vorwiegend als Espresso *(cafè solo)*, mit einem Schuss Milch *(cortat)* oder als Milchkaffee *(amb llet)* getrunken.

Zum Essen gibt es Wein und Wasser. Auf Mallorca existieren zwei Weinanbaugebiete, die ihre Weine mit der streng reglementierten Herkunftsgarantie *(denominació d'origen)* vermarkten dürfen: die Region **Binissalem** seit 1991 und die Region **Pla i Llevant** (Petra, Manacor, Porreres, Felanitx) seit 1999. Viele **Bodegas** können besichtigt werden.

F8 Der edle Wein darf auch probiert werden, z.B. in der **Bodega Jose L. Ferrer** (C/Conquistador, 103, Ctra. Palma–Alcúdia, 07350 Binissalem, ✆ 971 51 10 50, www.vinosferrer.com, Besichtigungen € 6, inkl. Verkostung, unbedingt reservieren) oder in der **Bodega**
K11 **Jaume Mesquida** (C/Vileta, 7, 07260 Porreres, ✆ 971 64 71 06, www.jaumemesquida.com).

Daneben gibt es die für Mallorca typischen *Cellers*, meist rustikal ausgestattete, ehemalige Weinkeller, die zum Wein mit Hausmannskost aufwarten.

Die typisch mallorquinische Küche ist herzhaft. Am bekanntesten sind wohl die rote, pikante oder süßpikante Streichwurst *sobrasada* und ihre meist mildere, schlanke Verwandte *longaniza*. Blutwurstähnlich sind die großen *butifarra* oder die kleinen *butifarrons*. Mallorquinischen Käse, in der Regel eher mild, gibt es in drei Varianten: *mantecoso* beschreibt die »butterweiche«, *semicurado* eine halbtrockene Qualität und *curado* eine gereifte, trockene Variante des *formatge mallorquin*.

Zutaten der mallorquinischen Küche

Die bekannte Spezialität der Insel, *sopa mallorquina*, ist keine Suppe im klassischen Sinne, sondern ein Gemüse-Brot-Gericht von eher fester Konsistenz. Das klassische Arme-Leute-Gericht mit Knoblauch, Lauch, Tomate, Paprika, Zwiebel, Bohnen, Zuckererbsen und Weißkohl sowie hauchdünn geschnittenen, mehrere Tage alten Brotscheiben wird inzwischen mit großer Kunstfertigkeit zubereitet. Zwar findet sich die *sopa* gerne bei den Vorspeisen, stillt in den meisten Fällen aber selbst den großen Hunger. Allseits beliebt sind auch die *caracoles*, Schnecken, die auf alle erdenklichen Arten zubereitet werden. In der Gemeinde **San Jordi** feiert man Ende Mai sogar eine *Fira de Caracoles*, ein Schneckenfest, an dem die neuesten Variationen verkostet werden. J8

Spanferkel (*porcella* oder *cochinillo* als Milchspanferkel), Zicklein *(capreto)* und Lamm *(cordero)* - oft aus dem Holzofen - sind ebenso wie Kaninchen *(conejo)* und Wachteln *(codornizes)* weitere Spezialitäten der Insel.

Bei *frito mallorquin* handelt es sich um einen kräftigen Eintopf aus gebratenen Innereien (meistens vom Schwein) und gedünstetem Gemüse. Natürlich gibt es in den Küstenorten auch ausgezeichneten fangfrischen Fisch, kurz gebraten oder in einer Salzkruste aus dem Ofen (*pescado al horno*).

Nicht zuletzt die maurische Tradition sorgt für eine große Auswahl an Süßspeisen wie dem leckeren *gato d'almendra* (Mandelkuchen) oder dem Speiseeis, das nicht unbedingt nur aus Sóller stammen muss.

Feiertage und Feste

1. Jan.: Neujahr *(Cap d'Any)*
5./6. Jan.: Dreikönigstag *(Els Reis Mags)*, Landung der hl. Drei Könige am Hafen von Palma, zahlreiche Umzüge
17. Jan.: *Ses Beneides*, Segnung der Haustiere, an manchen Orten verbunden mit einem Karnevalsumzug am Vorabend

20. Jan.: *Dia de Sant Sebastiá*, eine Woche feiern die Bürger Palmas das Patronatsfest mit viel Musik und Feuerwerk
1. März: Tag der Baleareninseln, Festprogramm in Palma am Consolat de Mar
März/April: der Palmsonntag *(Diumenge del Ram)* wird inselweit mit Prozessionen gefeiert
Karwoche: in Palma widmen die Kapuzenbruderschaften der Virgen La Sang bereits am **Gründonnerstag** abends einen großen Umzug, **Karfreitagsumzüge** in Palma (ab Sant Francesc), Pollença, Sineu (Prozession zur Grablegung ab ca. 23 Uhr)
Ostersonntag: Prozessionen in Palma, Llucmajor, Campanet; in der Woche nach Ostern finden viele traditionelle Wallfahrten statt, Di: Algaida, Mi: Lloseta, Alcúdia
1. Mai: Tag der Arbeit *(Festa dell Traball)*
Fronleichnam: Prozessionen, Konzertveranstaltungen in Palma
24. Juni: Johannistag, Feuerwerke und große Feuer zu Ehren des heiligen Johannes in der Nacht vom **23.** auf den **24. Juni**
16. Juli: in Cala Figuera, Cala d'Or, Cala Ratjada, Sóller, Porto Cristo wird Nostra Senyora del Carmen mit Schiffsprozessionen geehrt
25. Juli: Jakobstag
Um den **27. Juli:** in Valldemossa findet die Festwoche zur Ehren der Inselheiligen Santa Catalina Tomás statt
15. Aug.: Mariä Himmelfahrt *(La Asunció)*
Erster Septembersonntag: Santa Catalina wird mit einer Prozession in Santa Margalida geeehrt
12. Okt.: spanischer Nationalfeiertag *(Día de la Hispanidad)*
1. Nov.: Allerheiligen *(Tots Sants)*
6. Dez.: Tag der Verfassung zur Erinnerung an die Volksabstimmung zur Annahme der Verfassung 1978 *(Dia de la Constitució)*
8. Dez.: Mariä Empfängnis
25. Dez.: Weihnachtstag *(Nadal)*
31. Dez.: *Festa de l'Estendart*, historische Gedenkfeier zum Jahrestag der christlichen Eroberung der Stadt Palma durch König

Palma feiert Mitte Januar Sant Sebastiá mit Musik-, Tanz- und Theaterveranstaltungen

Jaume I., feierliche Messe in der Kathedrale sowie Musik- und Tanzveranstaltungen

Fotografieren

In fast allen Ferienorten finden sich Fotostudios, die binnen einer Stunde Daten von der Speicherkarte auf CD-Rom brennen. Natürlich kann man in größeren Ortschaften die Bilder auch ausdrucken bzw. entwickeln lassen. Polizei und Militär sollten Sie nicht fotografieren.

Geld, Banken, Kreditkarten

2002 wurde der Euro auch in Spanien als offizielle Währung eingeführt.
Banken und Sparkassen *(cajas)* sind in der Regel nur vormittags von 8.30–14, in den Wintermonaten (Sept.–Mai) zusätzlich samstags bis 13 (Banken) bzw. donnerstags bis 20 Uhr (Sparkassen) geöffnet. Viele Banken verfügen über EC-Automaten zum Abheben von Bargeld.
Kreditkarten akzeptiert man in den meisten Geschäften, Restaurants und Hotels (VISA, American Express, Eurocard, Mastercard). Bei Verlust einer Karte können Sie diese unter folgenden Telefonnummern sperren lassen:
Generelle Sperrnummer: ✆ +49 116 116
Eurocard D ✆ +49 1805 02 10 21, +49 69 74 09 87
Mastercard ✆ +49 69 79 33 19 10
Visa ✆ +49 69 79 33 19 10 oder +49 69 79 33 19 10 oder 900 97 12 31
American Express +49 69 97 97 10 00
Personalausweis PIN +49 180 133 33 33

Hinweise für Menschen mit Behinderungen

Spanien gilt als vorbildlich im Umgang mit Behinderten. Der **Flughafen Palma** ist behindertenfreundlich ausgebaut. Normalerweise sind die städtischen Busse Palmas mit Rollstuhlrampen versehen. Behindertengerechte **Taxis** sind unter ✆ 971 70 35 29 erreichbar. Für einen Katalog mit behindertengerechten Unterkünften in ganz Spanien wendet man sich an:

predif (Spanische Agentur für barrierefreien Tourismus)
Av. Doctor García Tapia, 129 Local 5
E-28030 Madrid
✆ +34 91 371 52 94

Klima, Kleidung, Reisezeit

Der erfahrene Mallorca-Urlauber meidet die Extreme – die kältesten Tage des Jahres in den Monaten Januar bis März und eine unangenehme, feuchte Hitze, die der August häufig bringt. Von April bis Juli und zwischen September und November ist das Klima – abgesehen von einigen Regentagen – mild und angenehm.

Sporttreibende, die ein Schauer nicht stört, kommen vor allem von Januar bis April nach Mallorca.

»Einen Urlauber«, so witzeln die Mallorquiner, »erkennt man schon auf einen Kilometer«. Der Spaß hört für die meisten Einheimischen allerdings auf, wenn männliche Feriengäste mit nacktem Oberkörper oder nur leicht bekleidete Damen ein Gotteshaus betreten. Auch bei einigen Shows, beim Casinobesuch etc. wird entsprechende Garderobe erwartet.

Für die Hochsommermonate ist ein Sonnen-Kopfschutz zu empfehlen. Wanderer sollten unbedingt gutes Schuhwerk mitbringen, da viele schöne Wanderwege über Stock und Stein führen, und auch an einen Regenschutz denken.

Medizinische Versorgung

H5
H7
H14

Seit 1. Januar 2006 ist kein eigener Auslandskrankenschein mehr notwendig, denn die Europäische Krankenversicherungskarte wurde in die nationale Versicherungskarte integriert. Die staatlichen Krankenhäuser sind **Son Dureta** (C/Andrea Doria, 55, ✆ 971 17 50 00) und **Son Llàtzer** (Ctra. Manacor, km 4, Son Ferriol, ✆ 871 20 20 00) in Palma sowie das **Hospital Manacor** in Manacor (Ctra. Manacor–Alcúdia, ✆ 971 84 70 00). Diese führen auch ambulante Behandlungen durch.

Privatärzte, Ärztezentren und Privatkliniken helfen meist schneller und führen auf Wunsch auch Hotelbesuche durch, verlangen aber Barzahlung. Da gesetzliche Kranken- und Ersatzkassen nicht alle Auslagen erstatten, sollte man eine **Auslandskrankenversicherung** abschließen.

Schweizer Gäste sollten sich als Inhaber einer privaten, einer Reisekranken- oder einer Reisezwischenfallversicherung zwecks Kostenrückerstattung eine detaillierte Quittung ausstellen lassen. Je nach Deckungsumfang können Sie eine Kostengutsprache bzw. einen Kostenvorschuss verlangen.

Pikierte Gesellen – die Flora Mallorcas ist nicht nur im Kakteengarten »Botanicactus« bei Ses Salines äußerst vielfältig

Show im Casino de Palma

In kleinen Praxen und einigen **Centros Medicos** müssen ärztliche Leistungen immer bar bezahlt werden. Dann sollte man sich unbedingt vom Arzt *(médico)* eine reguläre Quittung *(recibo oficial)* ausstellen lassen, die die meisten Krankenkassen wenigstens anteilig ersetzen. Dies gilt auch für teure Medikamente oder zahnärztliche Behandlung. In den Feriengebieten sind die Centros Medicos auf Bedürfnisse, Verständigungsprobleme und die häufigsten Urlaubserkrankungen von Feriengästen vorbereitet. In vielen Ferienzentren haben sich auch deutsche Ärzte und Apotheker niedergelassen. Der Zahnarzt heißt auf Spanisch *dentista*. Apotheken, *farmacias*, sind mit einem grünen Kreuz gekennzeichnet. Nach Geschäftsschluss ist der Notdienst jeweils am Aushang zu finden.

Mit Kindern auf Mallorca

Besonders während der Schulferien (April und Juni bis Anfang Sept.) ist man auf Mallorca ganz auf Familienurlaub eingestellt. Das heißt: Viele größere Hotels bieten spezielle Kinderunterhaltungs- und Animations-Programme an. Hier sollte man sich allerdings schon beim Buchen der Reise vergewissern, ob im betreffenden Hotel ein solcher Service angeboten wird. Einige Reiseveranstalter offerieren in den Sommermonaten ein spezielles Ausflugsprogramm, das auf Familien mit Kindern zugeschnitten ist. Kinderteller oder Kindermenüs sind dagegen – zumindestens in traditionellen Restaurants – selten zu finden.

Nachtleben

Mallorca soll eine der »längsten Theken« Europas aufweisen, entsprechend abwechslungsreich ist das Nachtleben. Da gibt es Shows und Revues von internationalem Format (**Son Amar**, Ctra. De Sóller, km 10,8 bei Palmanyola, ✆ 971 61 75 33, www.sonamar.com), schummrige *Pa amb oli*-Kneipen (hier wird zu Wein oder Bier das typische Tomatenbrot mit verschiedenen Belagen ver- G6

Die wichtigsten Wörter für unterwegs

Alltag/Umgangsformen

Auf Mallorca wird neben dem kastilischen Spanisch auch – und inzwischen vor allem – Mallorquinisch (ein Dialekt des Katalanischen) gesprochen.

In der nachfolgenden Liste wird erst das mallorquinische Wort und dann die kastilische Bezeichnung aufgeführt. Bemühen Sie sich um einige, wenn auch vielleicht gestammelte Worte in *mallorquí,* Sie werden so leicht viele Punkte bei Ihren Gastgebern gewinnen.

¡Bon dia!, eine Mischung aus dem französischen *bon jour* und dem spanischen *buenos días.* Diese Begrüßung wird auf Mallorca bis zum Mittagessen, das zwischen 13 und 15 Uhr eingenommen wird, verwendet. Danach sagt man schon *bona tarda* bis zum Sonnenuntergang. Vorm Schlafengehen heißt es dann *bona nit.* Zu jeder Tageszeit können Sie *¿Hola, com va?* – Hallo, wie geht's? – verwenden. Geantwortet wird auf diese Frage mit einem einfachen *Bè! Y vostè/tu?* – Gut! Und Ihnen/dir?

Die Mallorquiner sind in der Regel sehr hilfsbereit, freuen sich über ausländische Besucher und fragen interessiert nach deren Herkunft, Familie und dem Grund des Besuches.

Keine Panik, wenn Sie befürchten, zwar eine Frage stellen zu können, die Antwort aber nicht zu verstehen: Mit Körpersprache (wie z. B. mit einem Lächeln) kommt man fast immer weiter. Im Übrigen wissen Sie ja: *Sí* heißt ja, *no* nein. Und vergessen Sie nie das obligatorische bitte – *per favor* und sich zu bedanken – *gràcies! (grassjes).*

Deutsch	**Mallorquinisch**	**Kastilisch (Spanisch)**
Allgemeines	***paraules de cortesia***	***palabras de cortesia***
Bitte	*per favor*	*por favor*
Danke	*gràcies*	*gracias*
Vielen Dank	*moltes gràcies*	*muchas gracias*
Verzeihung	*perdò*	*disculpe / perdón*
Wie geht's?	*¿Com anam?*	*¿Como estás?*
Willkommen	*benvingut*	*bienvenido*
Hallo!	*¡hola!*	*¡hola!*
Guten Tag (vorm.)	*bon dia*	*buenos días*
Guten Tag (nachm.)	*bona tarda*	*buenas tardes*
Guten Abend	*Bon vespre*	*buenas tardes*
Gute Nacht	*bona nit*	*buenas noches*
Tschüss/bis bald	*adéu*	*adiós/hasta luego*
Sprechen Sie deutsch?	*¿Xerra alemany, vostè?*	*¿Habla alemán?*
Ich heiße...	*Jo nom ...*	*Me llamo...*
Wie heißt das?	*Com se diu això?*	*¿Como se llama esto?*
Ich verstehe nicht.	*No ho entenc.*	*No entiendo.*

Baustellen	***obres***	***obras***
Umleitung	*desvíament*	*desvío*
Sackgasse	*carrer sense sortida*	*calle sin salida*
Parken verboten	*prohibit estacionar*	*prohibido aparcar*
Gefahr	*perill*	*peligro*

Autoverleih	***lloguer de cotxes***	***alquiler de coche***
Auto	*cotxe*	*coche*
Ich würde gern ein Auto mieten.	*per favor, voldria llogar un cotxe.*	*Quisiera alquilar un coche, por favor.*
unbegrenzte Kilometer	*quilometratge il.limitat*	*kilometraje ilimitado*
ein Geländewagen	*un tot terreny*	*un todoterreno*
ein Motorrad	*una moto*	*una moto*
ein Fahrrad	*una bicicleta*	*una bicicleta*

Zwischenfälle	***incidències***	***incidencias***
Unfall	*accident*	*accidente*
Polizei	*policia*	*policía*
Krankenwagen	*ambulància*	*ambulancia*
Können Sie mir helfen?	*¿Me podria ajudar?*	*¿Me podría ayudar?*
Mir wurde das Auto aufgebrochen.	*M'han entrat en es cotxo.*	*Me han abierto el coche.*
Mir wurde der Geldbeutel gestohlen.	*M'han robat sa cartera.*	*Me han quitado el monedero.*
Mir wurde der Ausweis gestohlen.	*M'han robat la documentaciò.*	*Me han quitado la documentación.*
Geben Sie mir bitte Ihren Namen.	*Per favor, doni'm el seu nom.*	*Por favor, deme su nombre.*
Ihre Versicherungskarte	*la seva assegurança*	*su seguro*
Ihren Führerschein	*el seu permis de conduir*	*su permiso de conducir*
Ihre Ausweispapiere	*la seva documentació*	*su documentación*

Parken/Parkplatz	***aparcament***	***aparcamiento***
Darf man hier parken?	*¿Se pot aparcar ací?*	*¿Se puede aparcar aquí?*
nach rechts	*a la dreta*	*a la derecha*
nach links	*a l'esquerra*	*a la izquierda*
vor dem Gebäude	*davant del edifici*	*delante del edificio*
hinter der Kreuzung	*passat es creuer*	*pasada la calle*

Tankstelle	***benzinera***	***gasolinera***
Bitte voll tanken.	*¡Pile, per favor!*	*Por favor, quisiera el deposito lleno.*

Benzin	*benzina*	*gasolina*
Bleifreies Benzin	*benzina sense plom*	*gasolina sin plomo*
Diesel	*gas-oil*	*diesel/gasoil*
Ölwechsel	*canvi d'oli*	*cambio de aceite*
Reifen aufpumpen	*inflar les rodes*	*inflar las ruedas*
Reifen	*pneumàtic*	*neumático*
Autowerkstatt	*taller de reparació de vehicles*	*taller*
Garage	*garatge*	*garage*

Camping | *càmping* | *camping*

Preis pro Nacht	*preu per nit*	*precio por noche*
Wohnwagen	*caravana*	*caravana*
Zelt	*tenda*	*tienda de campaña*
Erwachsene	*adults*	*adultos*
Kinder	*nens*	*niños*
Parzelle	*parcel.la*	*parcela*
Strom	*corrent/electricitat*	*corriente/electricidad*
Wasser	*aigua*	*agua*
Toiletten	*lavabos/servicis*	*servicios*

Hotel/Pension | *hotel/pensió* | *hotel/pensión*

Ich suche ein Zimmer.	*Cerc una habitació.*	*Busco una habitación.*
Wieviel kostet das Zimmer pro Nacht?	*¿Quant val l'habitació per nit?*	*¿Cuánto cuesta la habitación por noche?*
Kann ich das Zimmer sehen?	*¿Podria veure s'habitació?*	*¿Podría ver la habitación?*
Hochsaison	*temporada alta*	*temporada alta*
Zwischensaison	*temporada mitja*	*temporada media*
Nebensaison	*temporada baixa*	*temporada baja*
komplettes Bad	*bany complet*	*baño completo*
mit Dusche	*amb dutxa*	*con ducha*
mit Balkon	*amb balcó*	*con balcón*
mit Meerblick	*amb vista al mar*	*con vista al mar*
Safe	*caixa forta*	*caja fuerte*
Zimmertelefon	*telèfon habitació*	*teléfono habitación*
Klimaanlage	*aire condicionat*	*aire acondicionado*
Heizung	*calefacció*	*calefacción*
Parkplatz	*aparcament*	*aparcamiento*
Schwimmbad	*piscina*	*piscina*
Halbpension	*mitja pensió*	*media pensión*
Vollpension	*pensió completa*	*pensión completa*
Herberge	*alberg*	*albergue*

Tourismus | *turisme* | *turismo*

Touristeninformation	*oficina de turisme*	*oficina de turismo*
Stadtzentrum	*centre ciutat/centre vila/centre urbà*	*centro de la ciudad/centro urbano*

Altstadt	*casc antic/barri vell*	*casco antiguo*
Stadtplan	*pla de la ciutat*	*plano de la ciudad*
Platz	*plaça*	*plaza*
Straße	*carrer*	*calle*
breitere Straße/ Avenue	*avinguda*	*avenida*
Promenade	*passeig*	*paseo*
Stadtviertel	*barri*	*barrio*
Haus	*casa*	*casa*
Rathaus	*ajuntament/ casa de la ciutat*	*ayuntamiento*
Kathedrale	*catedral*	*catedral*
Kirche	*església*	*iglesia*
Stiftskirche	*collegiata*	*colegiata*
Kloster	*monestir*	*monasterio*
Konvent	*convent*	*convento*
Kreuzgang	*claustre*	*claustro*
Kastell	*castell*	*castillo*
Palast	*palau*	*palacio*
Turm	*torre*	*torre*
Park	*parc*	*parque*
Gärten	*jardins*	*jardines*
Brücke	*pont*	*puente*
Hafen	*port*	*puerto*
Strand	*platja*	*playa*
Bucht	*badia*	*bahía*
kleine Bucht	*cala*	*cala*
Kap	*cap*	*cabo*
Landspitze	*punta*	*punta*
Aussichtspunkt	*mirador*	*mirador*
Fluss	*riu*	*río*
Insel	*illa*	*isla*
Gebirge	*serra*	*sierra*
Berg	*muntanya*	*montaña*
Höhlen	*coves*	*cuevas*
Tal	*vall*	*valle*
See	*estany*	*lago*
Stausee	*pantà*	*pantano*
Dolmen	*dolmen*	*dolmen*
Naturpark	*Parc Natural*	*Parque Natural*
Heiligtum	*santuari*	*santuario*
Einsiedelei	*ermita*	*ermita*
vorgeschichtliche Höhlenmalereien	*pintures rupestres*	*pinturas rupestres*
ausgeschilderter Wanderweg	*itinerari pedestre senyalitzat*	*sendero indicado/ camino señalizado*

Einkaufen — *comprar* — *comprar*

Was kostet?	*¿Quant és?*	*¿Cuánto vale?*
Wieviel kostet das?	*¿Quant és això?*	*¿Cuánto cuesta esto?*
Wo ist die Kasse zum Zahlen?	*¿On és sa caixa per pagar?*	*¿Dónde está la caja para pagar?*

Etwas weniger bitte.	*Un poquet menys, per favor.*	*Un poco menos por favor.*
Etwas mehr bitte.	*Un poquet més, per favor.*	*Un poco más por favor.*
Könnten Sie mir bitte zeigen …?	*¿Per favor, me podria ensenyar ...?*	*¿Por favor, me podría enseñar …?*
Wollen Sie etwas Billigeres?	*¿Voldria qualsevol més económic?*	*¿Quisiera algo más barato?*
Kann ich mit Kreditkarte zahlen?	*¿Puc pagar amb sa targeta de crèdit?*	*¿Puedo pagar con la tarjeta de crédito?*
Farbe	*color*	*color*
Größe	*talla*	*talla*
Wollen Sie eine größere Größe?	*¿Voldria una talla més gran?*	*¿Quisiera una talla más grande?*
Wollen Sie eine kleinere Größe?	*¿Voldria una talla més petita?*	*¿Quisiera una talla más pequeña?*
Das ist zu teuer.	*És massa car.*	*Es demasiado caro.*
Ausverkauf	*liquidació*	*liquidación*
Obst	*fruita*	*fruta*
Kilo	*quilo*	*kilo*
Gramm	*grams*	*gramos*
Geldtausch	*canví de moneda*	*cambio de moneda*
Bank	*banc*	*banco*
Geldautomat	*caixer automàtic*	*cajero automático*

Geschäfte — *botigues* — *tiendas*

Bäckerei	*es forn*	*la panadería*
Konditorei	*sa patisseria*	*la confitería/la pastelería*
Fischgeschäft	*sa peixateria*	*la pescadería*
Obstgeschäft	*sa fruiteria*	*la frutería*
Fleischerei/ Metzgerei	*sa cansaladeria/ xarcuteria*	*la tienda de embutidos/carnicería*
Shoppingzentrum	*centre comercial*	*centro comercial*
Post	*correu*	*correos*
Markt	*mercat*	*mercado*
Buchhandlung	*llibreteria*	*librería*
deutsche Zeitungen	*diaris alemanys*	*periódicos alemanes*

Restaurant/ Café — *el restaurant/ cafeteria* — *el restaurante/ cafetería*

Speiseraum	*menjador*	*comedor*
Bar	*bar*	*bar*
Wo ist ein Restaurant mit katalanischer Küche?	*¿On hi ha un restaurant de cuina mallorquina?*	*¿Dónde hay un restaurante de cocina catalana?*
Wo ist ein Restaurant mit typischer Küche?	*¿On hi ha un restaurant de cuina típica?*	*¿Dónde hay un restaurante de cocina típica?*
Könnten Sie bitte einen Tisch für zwei	*¿Per favor, voldria reservar una taula per*	*¿Por favor, quisiera reservar una mesa*

Personen reservieren?	*a dues persones?*	*para dos personas?*
Die Speisekarte, bitte.	*Sa carta, per favor.*	*La carta, por favor.*
Ich möchte bezahlen.	*Voldria pagar.*	*La cuenta, por favor.*
Ich möchte bitte alles zusammen zahlen.	*Vull pagar-ho tot junt.*	*Quiero pagar todo junto.*
Es hat uns gut geschmeckt.	*Ens ha agradat molt.*	*Nos ha gustado mucho.*
Wir wollen getrennt zahlen.	*Voldríem pagar per separat.*	*Quisieramos pagar por separado.*
Mineralwasser mit Kohlensäure	*aigua mineral amb gas*	*agua mineral con gas*
Mineralwasser ohne Kohlensäure	*aigua mineral sense gas*	*agua mineral sin gas*
ein Glas	*un tassó*	*un vaso*
eine Flasche Wein	*una ampolla de vi*	*una botella de vino*
Ich möchte nur ein Glas Wein.	*Voldria només un tassó de vi.*	*Quisiera sólo una copa de vino.*
Rotwein	*vi negre*	*vino tinto*
Roséwein	*vi rosat*	*rosado / clarete*
Weißwein	*vi blanc*	*vino blanco*
Bier	*cervesa*	*cerveza*
Sekt	*cava* (=katalanischer Schampus)	*cava*
Orangensaft	*suc de taronja*	*zumo de naranja*
Kaffee	*cafè*	*café*
Milchkaffee	*cafè amb llet*	*café con leche*
Tee	*te*	*té*
Milch	*llet*	*leche*
Zucker	*sucre*	*azúcar*
Salz	*sal*	*sal*
Pfeffer	*pebre*	*pimienta*
Appetithäppchen	*tapa*	*tapa*
Tellergerichte	*plats combinats*	*platos combinados*
Tagesmenü	*menú del dia*	*menú del día*
Brot	*pa*	*pan*
Eier	*ous*	*huevos*
Salat	*trempó*	*ensalada*
Fleisch	*carn*	*carne*
Fisch	*peix*	*pescado*
Meeresfrüchte	*marisc*	*mariscos*
Gemüse	*verdures*	*verduras*
Eis	*gelat*	*helados*

Öffentliche Verkehrsmittel — *transport públic* — *transporte público*

Zug	*es tren*	*el tren*
Bahnhof	*s'estació de trens*	*la estación de trenes*
U-Bahnhof	*s'estació de metro*	*la estación del metro*
Busbahnhof	*s'estació d'autocars*	*la estación de autobuses*
Bushaltestelle	*s'parada de l'autobús*	*la parada del autobús*
Flughafen	*s'aeroport*	*el aeropuerto*

Luftbrücke	*es pont aeri*	*el puente aéreo*
Flugzeug	*l'avió*	*el avión*
Hafen	*es port*	*el puerto*
Hafenmole	*es moll*	*el muelle*
Schiff	*es vaixell*	*el barco*
Taxi	*taxi*	*taxi*
Ticket	*bitllet*	*billete*
Wieviel kostet die Fahrkarte?	*¿Quina és sa tarifa?*	*¿Cuánto cuesta el billete?*
Gepäckaufbewahrung	*sa consigna*	*la consigna*
Ankunft	*arribada*	*llegada*
Abfahrt	*sortida*	*salida*

Entfernungen — *distàncies* — *distancias*

Wo ist…?	*¿On és…?*	*¿Dónde está…?*
Ist es sehr weit?	*¿És molt enfora?*	*¿Está muy lejos?*
Ist es ganz nah?	*¿Ès molt a prop?*	*¿Está muy cerca?*
Kann man zu Fuß gehen?	*¿Se pot anar a peu?*	*¿Se puede ir a pié?*

Zahlen — *números* — *números*

1	*u*	*uno*
2	*dos*	*dos*
3	*tres*	*tres*
4	*quatre*	*cuatro*
5	*cinc*	*cinco*
6	*sis*	*seis*
7	*set*	*siete*
8	*vuit*	*ocho*
9	*nou*	*nueve*
10	*deu*	*diez*
11	*onze*	*once*
12	*dotze*	*doce*
13	*tretze*	*trece*
14	*catorze*	*catorce*
15	*quinze*	*quince*
16	*setze*	*dieciséis*
17	*desset*	*diecisiete*
18	*devuit*	*dieciocho*
19	*denou*	*diecinueve*
20	*vint*	*veinte*
30	*trenta*	*treinta*
50	*cinquanta*	*cincuenta*
100	*cent*	*cien*
200	*dos-cent*	*doscientos*

Datum / Uhrzeit — *dates i hora* — *fechas y hora*

heute	*avui*	*hoy*
morgen	*demà*	*mañana*

vorgestern	*despús-d'ahir*	*pasado mañana*
nächste Woche	*la setmana vinent*	*la próxima semana*
der Morgen	*el matí*	*la mañana*
morgens	*matí*	*por la mañana*
nachmittags/abends	*tarda*	*por la tarde*
Wie spät ist es?	*¿Quina hora és?*	*¿Qué hora es?*
Kommen Sie später!	*¡Vingui més tard!*	*¡Venga más tarde!*
Kommen Sie früher!	*¡Vingui més prest!*	*¡Venga más pronto!*
Montag	*dilluns*	*lunes*
Dienstag	*dimarts*	*martes*
Mittwoch	*dimecres*	*miércoles*
Donnerstag	*dijous*	*jueves*
Freitag	*divendres*	*viernes*
Samstag	*dissabte*	*sábado*
Sonntag	*diumenge*	*domingo*
Januar	*gener*	*enero*
Februar	*febrer*	*febrero*
März	*març*	*marzo*
April	*abril*	*abril*
Mai	*maig*	*mayo*
Juni	*juny*	*junio*
Juli	*juliol*	*julio*
August	*agost*	*agosto*
September	*setembre*	*septiembre*
Oktober	*octubre*	*octubre*
November	*novembre*	*noviembre*
Dezember	*desembre*	*diciembre*

Jahr — *any* — *año*

Feiertage	*festius*	*festivos*
Heiligabend	*cap d'any*	*nochevieja*
Weihnachten	*nadal*	*navidad/ nochebuena*
Ostern	*pasqua*	*pascua*
Hauptfest	*festa major*	*fiesta mayor*
Tag des/der	*diada*	*día de*

Museum — *museu* — *museo*

Werktage	*feiners*	*días laborables*
Öffnungszeiten	*horari*	*horario*
Schließzeiten	*cloenda*	*clausura*
offen	*obert*	*abierto*
geschlossen	*tancat*	*cerrado*
montags geschlossen	*dilluns tancat*	*lunes cerrado*
Preis	*preu*	*precio*
geführter Besuch	*visita guiada*	*visita guíada*
Stiftung	*fundació*	*fundación*
Konzert	*concert*	*concierto*
Theater	*teatre*	*teatro*
Ausstellung	*exposició*	*exposición* ■

Die **fetten** Seitenzahlen verweisen auf ausführliche Erwähnungen, *kursiv* gesetzte Begriffe bzw. Seitenzahlen beziehen sich auf den Service.

Alaró 67
Alcúdia 4, 54, 57 f.
Algaida 61 ff.
Andratx 28, 31
Anreise 68 ff.
Artà 54, 55 f.
Auskunft 70 f.
Automiete, Autofahren 71 f.

Badia d'Alcúdia 55, 57 ff.
Badia de Palma 29
Banyalbufar 33
Banys de Sant Joan 49
Botanicactus 49
Bunyola 39

Cabrera 49
Cala Bona 55
Cala d'Or 50 f.
Cala Figuera 50
Cala Major 28
– Fundació Pilar y Joan Miró 28
Cala Mesquida 57
Cala Millor 55
Cala Mondrago/Parc Natural 51
Cala Pi 46
Cala Ratjada 56 f., *83*
Cala Sa Nau 51
Cala Sant Vincenç 45
Cala Tuent 43
Cales de Mallorca 53
Calvià 28 ff.
Campos 48 f.
Can Picafort 56, 59 f.
Canyamel 55
Cap de Cala Figuera 28
Cap de Formentor 41, 45 f.
Cap de Menorca 59
Cap des Salines 48
Capdepera 56
Castell d'Alaró 67
Centre Cultural Costa Nord 35
Chopin, Frédéric 5, 8, 34
Colònia de Sant Jordi 48, 49
Costa des Pins 55
Coves d'Artà 56
Coves del Drac 54
Coves dels Hams 54

Deià 36 f.
Diplomatische Vertretungen 72

Einkaufen 72 ff.
Es Trenc 47, 48
Ermita de Betlem 56
Ermita del Puig de Maria 44
Escorca 42
Esporles 34
Estellencs 33
Essen und Trinken 74 f.

Feiertage und Feste 75 ff.
Felanitx 52, *72*, *74*
Fornalutx 40, 41
Fotografieren 77
Fundació Natura Parc 66

Geld, Banken, Kreditkarten 77
Glasmanufaktur Can Gordiola 27, **61**, *73*

Hinweise für Behinderte 77

Inca 8, 66 f.

Jardines de Alfàbia 40
Jaume I. von Aragón 7, 12, 14, 23, 29, 38
Jaume II. 7, 12, 20, 61, 65
Jaume III. 7, 12, 46, 47

Klima, Kleidung, Reisezeit 77 f.
Kloster Lluc 41, **42 f.**

La Raixa 40
La Reserva del Galatzó 33
La Victòria 59
Llucmajor 46 f.
Llull, Ramón 7, 13, 16, 19, 37, **61**, 62
Ludwig Salvator von Österreich 5, 8, 36, **37**

Magaluf 29
Mallorca in Zahlen und Fakten 68
Manacor 63 f., *72*, *74*
Maria de la Salut 66
Medizinische Versorgung 78 f.
Mirador de ses Animes 33
Mit Kindern auf Mallorca 79
Miró, Joan 8, 20, 28
Monestir de Lluc vgl. Kloster Lluc
Monestir de Miramar 35 f.
Montuïri 63
Muro 66

Nachtleben 79 f.

Öffentliche Verkehrsmittel 80
Öffnungszeiten 80

Palma 4, 6, 7 8, 9, **10–27**
– Almudaina Palast 16, 19
– Aqualand 17, 23
– Aquarium 23
– Aula de la Mar 23
– Ayuntament 14, 19
– Banys Àrabs 13, 19
– Bars und Clubs 25
– Call 13
– Can de la Torre 13
– Can Espanya-Serra 13
– Can Marquès **19**
– Can Rei 14
– Can Rullan (Fundació Barceló) 15
– Capella de la Misericòrdia 19
– Carrer de Sant Jaume 15
– Casa de l'Almoina 12
– Casal Solleric 16, 20
– Castell de Bellver 20
– Centro de Cultura »Sa Nostra« 20
– Consolat de Mer 16
– Edifici l'Aguila 14
– Einkaufen 26 f.
– Es Baluard Museu d'Art Modern i Contemporani 20
– Fundació La Caixa 15, 21
– Gran Hotel 8, 15, 21
– Hotel Born 15
– La Seu 7, 8, **11 f.**, **20**, 47
– Mercat de l'Olivar 14, 27
– Museu Fundación Juan March 21
– Museu de nines antigues 21
– Museu Diocesà 21
– Museu de Mallorca 13, 21
– Oleza-Palast 22
– Palau March 22
– Passeig des Born 15 f.
– Plaça Drassana 16
– Plaça del Rei 15
– Plaça Major 13, 14, 27
– Posada de la Cartoixa 13
– Pueblo Español 22
– Restaurants und Cafés 23 ff.
– S'Hort del Rei 16, 19
– Sa Llotja 16, 22
– Sant Miquel 14, 22
– Sant Francesc 13, 19
– Santa Eulàlia 13, 22
– Santa Magdalena 15
– Strände 16 f.
– Teatre Prinicipal 14
– Touristeninformation 18
Peguera 29, *74*
Perlas Majórica 64
Petra 64 f., *74*
Pina 61
Pollença 43 f., *83*
Pollentia *(Ciutat Romana)* 58
Porreres 63
Port d'Alcúdia 57 f.
Port d'Andratx 31 ff., *83*
Port de Pollença 45 f.
Port de Sóller 40 f.
Port des Canonges 34
Portals Nous 29
Portals Vells 29
Portocolom 52
Porto Cristo 46, 53 f.
Post 81
Presse, Rundfunk, TV 81
Puerto Portals 29
Puigpunyent 33

Randa **62 f.**
Rauchen 81
»Roter Blitz« 38 f., *80*

Santuari de Montisión 63
S'Arenal 17, 23, **46 f.**
S'Arenal de Sa Ràpita 47, 48
Sa Calobra 40, 41 ff.
Sa Coma 55
Sa Dragonera 32, 36, *83*
Sa Ràpita 48
Sand, George 5, 8, 34
Sant Elm 31
Santa Margalida 66
Santa Ponça 29, *83*
Santanyí **50**
Ses Illetes 29
Ses Salines 49
Sicherheit, Notfälle 81 f.
Sineu 65 f.
Sóller 28, 38 ff.
Son Marroig 36
Son Servera 55
Sport und Erholung 82 f.
Strom 83

Telefonieren 83 f.
Torrent de Pareis 41, 42
Tramuntana 4, 5, 28, 38, 41, 42, 60, 67, *83*
Trinkgeld 84
Trinkwasser 84

Unterkunft 84 f.

Valldemossa 34 ff.
– Kartause von Valldemossa 8, 34 f.

Zeit 85

Fotolia/Phototom: S. 10; OjoVertical: S. 3 u.
Emanuel Gronau, Weilheim: S. 21, 52
Rainer Hackenberg, Köln: S. 4/5, 13, 28, 38, 39, 43, 48, 51, 54, 58, 64, 72, 78
Gernot Huber/laif, Köln: S. 11, 31, 36, 44, 57
Melitta Kolberg, Hamburg: S. 14, 23, 29, 41, 47, 69
H. P. Merten, Saarburg: S. 15, 67, 70
Vista Point Verlag (Archiv), Köln: S. 9, 68
White Star, Hamburg: Schmutztitel (S. 1), S. 2 o. l., 2 o. Mitte, 2 o. r., 3 o. l., 3 o. Mitte, 17, 18, 25, 33, 35, 45, 50, 53, 55, 60, 62, 63, 73, 75, 76, 79, 82, 85

Schmutztitel (S. 1): Töpferkunst aus Manacor
Seite 2/3 (v. l. n. r.): Bucht von Alcúdia, Wehrturm »Torre de ses Animes«, Mohnfeld bei Portochristo, Valldemossa, Cap de Formentor, an der Cala d'Or, Strand von Magaluf (S. 3 u.)

2., aktualisierte Auflage 2013

Verlegerische Leitung: Andreas Schulz
Reihenkonzeption: Vista Point-Team
Bildredaktion: Andrea Herfurth-Schindler
Textredaktion: Kristina Linke
Lektorat: Franziska Zielke, 2. Auflage Kristina Linke
Layout und Herstellung: Kerstin Hülsebusch-Pfau
Reproduktionen: Henning Rohm, Köln
Kartographie: Kartographie Huber, München
Druckerei: Colorprint Offset, Unit 1808, 18/F., 8 Commercial Tower, 8 Sun Yip Street, Chai Wan, Hong Kong

ISBN 978-3-86871-062-5

An unsere Leser!
Die Informationen dieses Buches wurden gewissenhaft recherchiert und von der Verlagsredaktion sorgfältig überprüft. Nichtsdestoweniger sind inhaltliche Fehler nicht immer zu vermeiden. Für Ihre Korrekturen und Ergänzungsvorschläge sind wir daher dankbar.

VISTA POINT VERLAG
Händelstr. 25–29 · 50674 Köln · Postfach 270572 · 50511 Köln
Telefon: 0221/92 16 13-0 · Fax: 0221/92 16 13-14
www.vistapoint.de · info@vistapoint.de